Karin Wölfel/Ulrike Schrader

Farbspiele mit Kindern

W0174181

Karin Wölfel
Ulrike Schrader

Farbspiele mit Kindern

41 verschiedene Farb- und Maltechniken für Kinder ab 2 Jahre

Mit einem Vorwort von Prof. Rudolf Seitz

Kösel-Verlag München

CIP-Kurztitelaufnahme der Deutschen Bibliothek

Wölfel, Karin:
Farbspiele mit Kindern : 41 verschiedene Farb-
u. Maltechniken für Kinder ab 2 Jahre / Karin
Wölfel ; Ulrike Schrader. Mit e. Vorw. von
Rudolf Seitz. – München : Kösel, 1981.
ISBN 3-466-30224-2
NE: Schrader, Ulrike:

ISBN 3-466-30224-2
© 1981 by Kösel-Verlag GmbH & Co., München
Printed in Germany. Alle Rechte vorbehalten.
Gesamtherstellung: Kösel, Kempten
Umschlaggestaltung: Design Team, München

Inhalt

Vorwort von Professor Rudolf Seitz *7*

Ein Wort vorweg *10*

Zehn allgemeine Tips für Eltern malender Kinder *11*

I. Temperafarben *15*

II. Kreide *46*

III. Wachsmalstifte *53*

IV. Fingerfarben *66*

V. Wasserfarben *71*

VI. Techniken mit anderen Materialien *76*

Die Entwicklung des kindlichen Malens und Gestaltens *88*

Vorwort von Professor Rudolf Seitz

Kreative Kinder sind für uns eine Herausforderung!
Sie sind spontan und offen, haben ein großes Mitteilungsbedürfnis, sind neugierig und aktiv, sensibel, intensiv, und, und ... Sind sie eine Herausforderung?
Wir Erzieher wollen die Phantasie unserer Kinder fördern, wir möchten ihre Kreativität erhalten, ihre Fähigkeit, sich etwas Neues auszudenken, ungewöhnliche Ideen zu äußern und zu verwirklichen. Dabei stoßen wir immer wieder an unsere Grenzen. Wir fördern beim Kind Bereiche, in denen wir Erwachsenen uns längst nicht mehr so sicher bewegen, in denen wir selbst oft mutlos geworden sind. Fordert uns *das* heraus?
Oder ist es die Tatsache, daß kreatives Verhalten gewohnte oder geplante Ordnungen in Frage stellen kann? Daß wir als Erzieher nicht jede Lösung und jedes Ergebnis im Griff haben, daß wir manches laufen lassen müssen, offen und abwartend? Daß wir selbst dabei auch nicht sicher sein können? Wenn kreative Kinder allzu sehr auffallen, sollten wir nachdenken – über uns und unsere Methoden. Wir selbst brauchen eine Umgebung, in der wir uns wohlfühlen, in der wir gerne sind, die uns annimmt. Für unsere Kinder gilt das in besonderem Maße. Sie brauchen uns als Part-

ner. Unsere Zuwendung und Begeisterung helfen Ängste zu überwinden und geben Mut, sich Dinge zuzutrauen, zu experimentieren und auszuprobieren. Nur so werden eigene Erfahrungen und Ideen ins Spiel gebracht. So kann es eigentlich nicht schief gehen. Auch »Fehler« bringen Erfahrungen, sind Lösungen. In diesem Zusammenhang sind sie vielleicht nicht brauchbar, aber müssen sie deshalb sinn-los sein?
Fordern uns kreative Kinder heraus, weil alles so offen ist? Heißt das, daß alle Kinder tun und lassen können, was sie wollen?
Zunächst meine ich, daß man gute Ideen organisieren kann. Wir können methodisch Bedingungen schaffen, in denen die Kinder Materialien und Techniken durchprobieren und -experimentieren. Das erfordert sehr viel Vorbereitung und Phantasie. Geht es doch nicht darum, Inhalte zu vermitteln, sondern darum, das Kind anzuregen, sich selbst Inhalte zu erarbeiten. Das setzt Initiative, Vertrauen und Mut voraus. Von der Erzieherin fordert es sehr viele Fachkenntnisse. Sie muß über der Sache stehen. Nur dann kann sie sich so weit zurücknehmen, daß das Kind auf Grund der Impulse und Anregungen selbst aktiv wird. Das aber bedeutet Erziehung zur Mündigkeit und zur Autonomie der Person.

Dieses Buch ist sehr gut geeignet, Eltern und Erziehern zu der Kompetenz zu verhelfen, die nötig ist, um die Kreativität der Kinder zu fördern. Die beiden Autorinnen haben eine Fülle von Ideen und Vorschlägen zusammengetragen, die einem so richtig Lust machen, mit der Arbeit zu beginnen. Es ist ein Buch, dessen Inhalt wirklich aus einer aktiven Praxis erwachsen ist. Spritzig und einfallsreich führt es durch alle Bereiche des Farbgestaltens, die Kinder im Spiel erfüllen können. Es ist ein Handbuch geworden, das jeder Erzieherin zur Verfügung stehen sollte, die sich für die Bildsprache der Kinder interessiert. Sie wird durch die vielen Anregungen direkt in die Praxis hineingelockt, muß sich aber hüten, die Inhalte für die Kinder einfach in Anleitungen zu übersetzen. So wären die beiden Autorinnen mißverstanden.
Kreative Kinder sind nicht zuletzt deshalb eine Herausforderung, weil sie kreativ bleiben wollen. Wir Erwachsene können ihnen das leicht durch alle möglichen didaktischen Kniffe abgewöhnen. Wenn wir die beiden Autorinnen ernst nehmen, können wir den Kindern viel Spaß und Anregung geben – aber auch selbst von den Kindern vieles lernen, wenn wir oft keinen Mut mehr haben, wir selbst zu sein.

Rudolf Seitz

Ein Wort vorweg

In diesem Buch sind 41 Farb- und Maltechniken zusammengestellt. Die einzelnen Techniken altersspezifisch exakt zu trennen ist nicht immer möglich. Die angegebenen Altersstufen sind deshalb nur relative Angaben. Auch die Reihenfolge ist nicht als chronologische Folge gedacht. Erfahrungen mit unseren eigenen Kindern haben gezeigt, daß verschiedene Vorlieben vorhanden sind, und auch die Konzentrationsfähigkeit bei der Auswahl der Techniken beachtet werden muß. Die vielen Techniken bieten die Möglichkeit ständiger Abwechslung. Sie sollten sich nicht scheuen, die einzelnen Techniken »durchzuprobieren«, auch wenn es manchmal zu Fehlschlägen kommen sollte. Auch wir haben diese Fehlschläge erlitten, daraus aber auch immer wieder gelernt, was uns letztlich Mut und Selbstvertrauen gab. Haben Sie Mut zum Experimentieren mit Ihren Kindern. Helfen Sie dem Kind, sich seine eigene Welt zu erobern und Erfahrungen zu sammeln.

Bedanken möchten wir uns noch bei den Kindern und Erziehern des Kindergartens in München-Neuperlach, die mit uns die Durchführung der Farbspiele getestet haben. Besonderer Dank gilt Frau Biemüller, die uns freundlicherweise die Möglichkeit bot, mit Kindern verschiedener Altersgruppen zu arbeiten.

Zehn allgemeine Tips für Eltern malender Kinder

Zu Beginn wollen wir einige Tips geben, die helfen sollen, die spontane Freude am Malen möglichst lange aufrecht zu erhalten.

1. Bitte akzeptieren Sie und zeigen Sie Verständnis dafür, daß ein Kind aufgrund bestimmter Entwicklungsstufen nach eigenen Gesetzen arbeitet. Sie brauchen dazu viel Geduld und Gelassenheit, um ein Kind gewähren zu lassen und ihm dann zu helfen, wenn es erforderlich ist. Das Kind muß sich wohl und geborgen fühlen, damit sein Vertrauen zu sich und seiner Umgebung wachsen kann.

2. Beeinflussen Sie diese Gesetze nicht mit irgendwelchen Vorbildern. Zwingen Sie das Kind nicht, nur weil Sie vielleicht Resultate und Erfolge sehen wollen, in eine Rolle, die ihm noch nicht entspricht.

3. Fragen Sie nicht gleich direkt: »Was ist das?« Das kleine Kind malt zunächst nicht gegenständlich; die Kritzeleien stammen nicht aus der sichtbaren Welt, sondern aus elementaren Körpergefühlen. Wenn also Kritzelzeichen auf Bekanntes oder Benanntes eingeengt werden, oder Kinder aus Gefälligkeit dem Erwachsenen gegenüber den Bildern Namen geben, so wird eine Verbindung zwischen der urtümlichen Kritzelwelt und der schon fortgeschrittenen Sprachwelt ge-

schaffen. Die Sprache aber verdinglicht Gebilde, die sich vom Kind noch gar nicht losgelöst haben, weil die zeichnerische Entwicklung hinter der sprachlichen nachhinkt. Das vorzeitige und verfrühte Deuten erster Malereien hat dann den folgenschweren Effekt, daß die Bildentwicklung beschleunigt, ja sogar abgekürzt wird und nicht zum organischen Ausreifen kommt. Lassen Sie also das Kind von sich aus die Welt in sich aufnehmen.

4. Zeichnen Sie möglichst wenig vor, denn Malen ist für das Kind immer zunächst schöpferisches Spiel und nicht ein graphischer, farbarmer, schematischer Ausdruck wie z. B. bei einem gezeichneten »Punkt, Punkt, Komma-Strich-Männchen«. Ein Kind, dem viel vorgezeichnet wird, verliert allmählich den Mut zum eigenen Zeichnen, weil es durch die für es unerreichbare Qualität der Erwachsenenzeichnung verunsichert wird. Zeigen Sie, daß Sie die Kinderzeichnung für sehr wichtig halten, genauso wichtig wie die des Erwachsenen.

5. Verzweifeln Sie nicht, wenn das Kind scheinbar Rückschritte macht; oft beginnt der Fortschritt mit einer Krise. Ihre ständige Anerkennung, Ihr Takt und Fingerspitzengefühl gibt dem Kind Mut und Selbstvertrauen. Bedenken Sie aber, daß

stark übertriebenes Lob fehl am Platze ist, weil Zeichnen und Malen viel zu selbstverständliche kindliche Äußerungsformen sind. In diesem Alter sollte man Kinder noch nicht auf Fehler aufmerksam machen, höchstens auf Umwegen, indem man das Kind zu einer Überlegung anregt, die den Irrtum deutlich macht.

6. Sorgen Sie für Abwechslung in Technik und Material, damit Ihr Kind möglichst viel experimentieren und Erfahrungen sammeln kann.

7. Sorgen Sie für gute Beleuchtung des Arbeitsplatzes, der möglichst nahe bei einem Wasseranschluß liegen sollte, wenn Wasser benötigt wird. Vermeiden Sie Ablenkungsquellen im Raum. Stellen Sie für die jeweilige Technik genügend Material von guter Qualität bereit. Bewahren Sie es in hübschen Behältern auf, z. B. in bemalten Schachteln, bunten Tabletts, Kunststoffkoffern, farbigen Kartons, Backformen aus Aluminium, Holzkästen, Konservendosen ohne scharfen Rand oder Eierlagen.

8. Achten Sie darauf, daß die Bilder nicht in Farbe »ertrinken«. Treffen Sie die Vorbereitungen gründlich, damit Sie sich ständige Ermahnungen und Ärger, z. B. mit verschütteter Farbe, ersparen.

9. Beteiligen Sie die Kinder bei den Vorberei-

tungs- und Aufräumarbeiten (z. B. Pinselwaschen, Farbe mischen usw.), damit das Verantwortungsgefühl gestärkt wird.

10. Versehen Sie die Arbeiten der Kinder auf der Rückseite mit Name und Datum beziehungsweise Altersangabe. Sammeln Sie die schönsten Arbeiten in einer Sammelmappe. Das sind mehr als Erinnerungen: Dokumente, die zeigen, wie ein Kind die Welt erlebt und immer besser verstehen lernt. Hängen Sie die eben gemalten Bilder an einer Pinnwand, an einer Bilderleiste oder in einem Wechselrahmen auf.

I Temperafarben

Allgemeine Hinweise

Eine der dankbarsten Farbsorten für das Malen mit Kindern sind die Temperafarben, weil sie relativ preisgünstig sind und auf Grund der großen Anzahl von Farbpigmenten und stark haftenden Bindemittel besonders gut decken. Sie eignen sich dementsprechend für stark saugende und rauhe Malgründe, so etwa für Anstriche auf Pappe, Holz, Pappmaché. Sie sind also das richtige Material zum Anmalen und zum Bemalen, z. B. von Papier, Kasperleköpfen usw. Sie werden als flüssige Farbpaste (Schultempera), in Pulverform oder trocken als Temperablöcke angeboten. Temperafarben sind wasserlöslich, trocknen schnell, lassen sich gut mischen und Farbflecke lassen sich leicht aus Kleidungsstücken auswaschen. Sie können mit Wasser die Dichte der Farbe verändern und sie durch Zusatz von angerührtem Kleister ergiebiger machen. Für den Anfang brauchen Sie nicht gleich alle Farbtöne zu kaufen. Wir empfehlen rot, gelb, grün, blau, schwarz und weiß. Mit der Zeit können Kinder selber neue Farbtöne mischen. Zweijährigen Kindern sollten Sie allerdings nicht mehr als zwei bis drei Farben gleichzeitig anbieten.

Flüssige Tempera

Wird als fertige flüssige Farbe in wirtschaftlichen Kunststoffflaschen angeboten und eignet sich für spontanes, großflächiges Malen. Diese Farbe wird mit Wasser verdünnt.

Pulverform-Tempera

Wird mit Wasser angerührt und ergibt, je nach dem Mischungshältnis, eine Finger-, Deck- oder Aquarellfarbe.

Tempera-Blöcke

Sind große Tabletten, die wie Wasserfarben behandelt werden. Die Wirkung der Farbe auf dem Papier ist allerdings nicht transparent wie bei Wasserfarben, sondern undurchsichtig. Für Farbtabletten gibt es Plastikbehälter (Paletten) zu kaufen.

Behälter

Leere Babynahrungsgläser eignen sich gut als Farbbehälter für die flüssigen Farben. Sie sind nicht zu groß für die Kinderhände, lassen die Farben schön durchscheinen, sind standfest und gut verschließbar. Sollten Sie Bedenken haben, daß diese Gläser zerbrechen könnten (bei uns sind noch nie welche zu Bruch gegangen!), sind leere Konservendosen (ohne scharfen Rand) oder Plastikbehälter ebenfalls verwendbar.
Wenn Sie zu Hause oder im Kindergarten mit mehreren Kindern malen, werden bestimmt Farbreste übrigbleiben. Es wäre schade, diese angerührte Farbe einfach wegzuschütten oder durch

falsche Aufbewahrung trocken werden zu lassen. Um das Eintrocknen zu verhindern, verschließen Sie jeden Farbbehälter mit dem Deckel, ansonsten mit Aluminium- oder Plastikfolie und einem Gummiring. Vermeiden Sie beim Lagern der Farben die Nähe von Heizkörpern.

Pinsel

Für das Malen mit Temperafarben empfehlen wir widerstandsfähige Borstenpinsel mit langem Stiel, weil sie sich entsprechend ihrer breitflächig dekorativen Spur zum großformatigen Vermalen der dickflüssigen Farbe eignen. Allerdings sollten Sie den geübteren Kindern auch Pinsel aus weichem Haar zur Verfügung stellen. Damit Sie saubere Farben behalten, ist es ratsam, in jeden Farbbehälter nur einen Pinsel zu geben. Lassen Sie die Kinder aber nicht nur mit Pinseln die Farbe auf das Papier auftragen, bieten Sie auch kleine Walzen, Schwämme, Federn, Korken oder ähnliches an. Wichtig ist es, nach jeder Malstunde die Pinsel gut mit Wasser auszuwaschen und richtig aufzubewahren. Am besten stellen Sie die sauberen Pinsel mit den Borsten nach oben in ein leeres Glas, um die Haarbüschel oder Borsten nicht zu verbiegen.

Arbeitsplatz

Sie müssen in Ihrer Malvorbereitung immer mit einplanen, daß Kinder beim Malen bestimmt einmal Farbe verkleckern, verspritzen oder verschütten. Um den Kindern und Ihnen dadurch die Freude am Malen nicht zu verderben, sollten Sie darauf achten, daß der Arbeitsplatz gut geschützt ist. Wenn Sie Kinder auf dem Tisch oder Boden malen lassen, vergessen Sie nicht, diese mit einer Plastikdecke oder mit Zeitungen abzudecken. Wir bevorzugen Zeitungspapier, da dieses die verschüttete Flüssigkeit besser aufsaugt. Am besten aber hat sich bewährt, eine dicke Dämmplatte bzw. Pinwand von mindestens 1 × 1 Meter Fläche als Unterlage zu benutzen, auf die Sie das Malpapier nur mit Reißnägeln zu befestigen brauchen. Dadurch wird das lästige Hin und Her beim Malen vermieden. Eine solche Platte ist zwar nicht ganz billig, aber vielseitig, denn Sie können daraus z. B. auch eine Staffelei herstellen, indem Sie sie schräg an die Wand anlehnen. Auch auf dem Tisch, auf dem Boden, zwischen zwei Stühlen oder auf der Wiese und im Hof können Sie diese Platte gut als Malunterlage benutzen, ohne dabei viel Vorbereitungsarbeit zu haben. Sie können die Platte zur Aufbewahrung im Kinderzimmer an die Wand hängen und als Pinwand oder als Malfläche für Wachsmalkreiden und -stifte verwenden.

Platte als Staffelei

Kleidung

Beim Malen sollte sich das Kind wohl fühlen. Ziehen Sie ihm nie neue oder kostbare Sachen an, bei denen die Angst vor eventueller Verschmutzung das kreative, spontane Malen verhindert. Geben Sie dem Kind eine Schürze; diese brauchen Sie nicht neu zu kaufen. Am besten nehmen Sie ein altes Herrenoberhemd, schneiden die

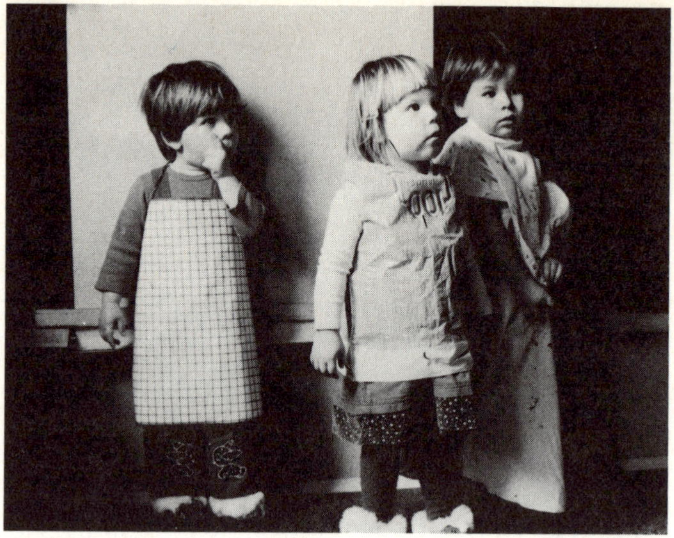

Die verschiedenen Schürzen

Ruckzuck-Schürze

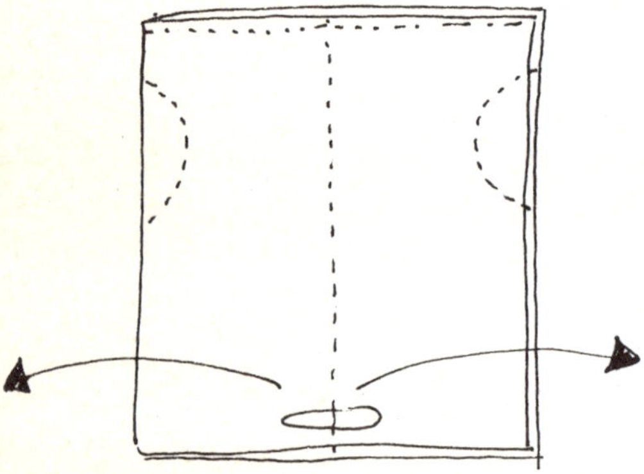

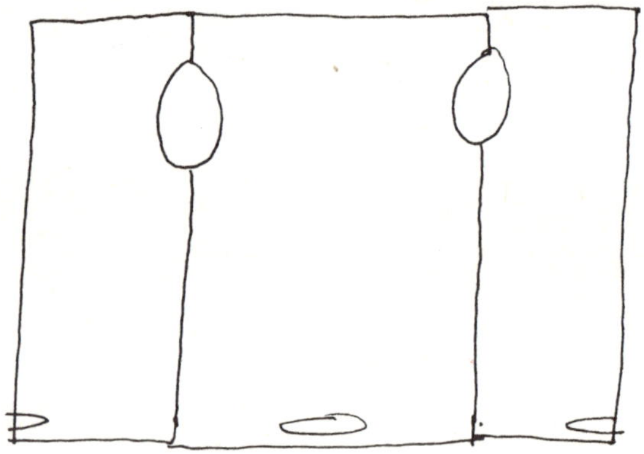

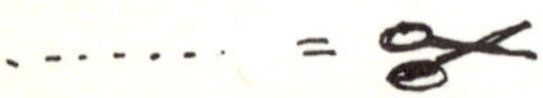

Ärmel weg und knöpfen es am Rücken zu, nachdem Sie die Pullover- oder Hemdärmel hochgekrempelt haben. Andernfalls können Sie auch im Nu aus einer Plastiktüte eine »Ruckzuck-Schürze« herstellen, indem Sie die Tüte zwischen den Nähten in der Mitte von oben nach unten aufschlitzen und anschließend Löcher für die Arme ausschneiden.

Papier

Bieten Sie den Kindern vielerlei Papier zum Malen. Dieses darf allerdings nicht zu kleinformatig sein. Kinder sind enttäuscht, wenn sie immer nur alte Papiertüten, Prospekte usw. zum Malen bekommen. Sie brauchen aber auch nicht nur teuere Malblöcke kaufen. In der Praxis haben wir gesehen, daß brauchbares Papier für wenig Geld oder sogar umsonst zu bekommen ist. Von Firmen, die mit Computern arbeiten, können Sie vielleicht Computerpapier, eventuell auch unbeschriftet, kostenlos bekommen. Dieses besteht aus langen Papierstreifen, die in regelmäßigen Abständen perforiert sind. An den Perforationslinien lassen sie sich unter Mithilfe der Kinder in einzelne, malgerechte Stücke Papier trennen, von denen Sie die unbedruckte Seite zum Malen verwenden können. Bei einigen großen Zeitungsdruckereien können Sie auch für wenig Geld Makulaturpapier bekommen. Das sind große Rollen, die zwar etwas unhandlich, dafür aber ideal für großflächige Malereien oder für große Wandbilder sind. Aus der Rolle können Sie dann kleine Stücke schneiden.
Gehen Sie gelegentlich auch in Geschäfte, in denen Tapeten verkauft werden. Dort können Sie umsonst die alten Tapetenmusterbücher bekommen. Dieses Papier hat großes Format und ist zum

Malen besonders geeignet, weil es fest ist und die Feuchtigkeit gut aufnimmt. Achten Sie auch auf verbilligte Tapetenrollen, die Sie für wenig Geld erwerben können. Zur Not bietet auch altes Zeitungspapier eine Malmöglichkeit.

Verschiedene Techniken für die Temperamalerei

Viele Eltern und Erzieher bieten Kindern Temperafarben an und üben nur das freie Malen mit ihnen. Dadurch macht das Kind viele Erfahrungen mit Farben und Pinsel, koordiniert Hand und Auge, übt die Muskulatur und erlernt verschiedene Fertigkeiten. Mit Temperafarben kann man aber darüberhinaus mehr Techniken üben, die den Kindern sehr viel Spaß bereiten. Im Laufe unserer Praxis haben wir eine Reihe von verschiedenen Techniken für das Malen mit Temperafarben gesammelt, die das Malen auch etwas abwechslungsreicher gestalten.

Klapptechnik

a) einfache Klapptechnik (ab 2 Jahre)
b) Schnurtechnik (ab 3½ Jahre)

Einfache Klapptechnik

Diese Technik wird auch *Klecksographie* genannt, wir bezeichnen sie als Klapptechnik. Dabei arbeiten wir mit den Kindern am Tisch, aber im Stehen. Geben Sie dem Kind ein großes Blatt Papier, das in der Mitte zusammengefaltet wird. Zeigen Sie dem Kind, wie man die Ecken zum richtigen Falten aufeinanderlegt und das Papier anschließend wieder ausbreitet. Bereiten Sie verschiedene Farben vor, aber achten Sie darauf, daß sie nicht zu dick sind und sich gut vom Pinsel tröpfeln lassen.

Das Kind tropft eine Farbe auf die eine Hälfte des Blattes. Dies kann durch Tropfen aus dem Behälter, vom Pinsel oder mit Hilfe einer Spritzflasche geschehen. (Als Spritzflasche eignen sich gut leere Shampoo- oder Cremeflaschen, die ein nicht zu großes Loch haben).

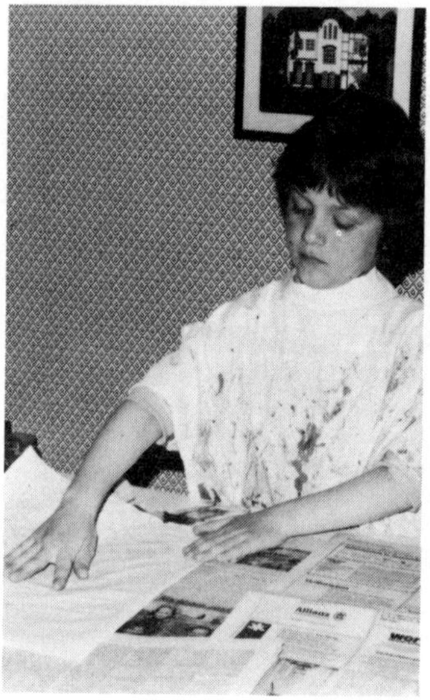

Nun wird das Papier in der Mitte zusammengeklappt und mit den Händen fest, aber vorsichtig über die Seite gestrichen. Dadurch ergibt sich ein Spiegelbild.

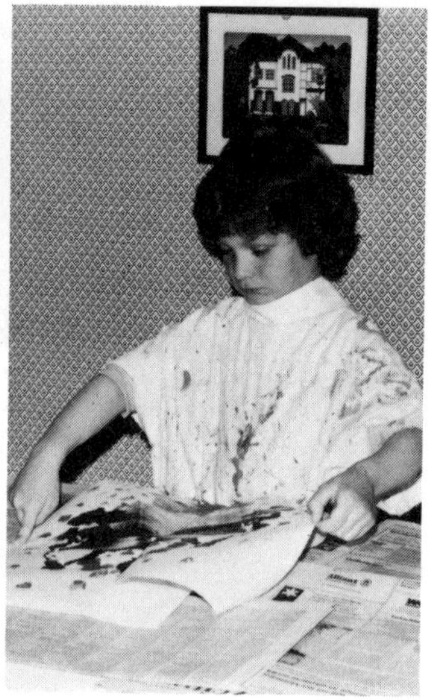

Das Kind öffnet das Papier wieder und wiederholt den Vorgang wie auf Foto 1, nimmt diesmal aber eine andere Farbe. Mit jeder neuen Farbe wird der Vorgang wiederholt.

Varianten

1. Alle Farben werden in einem Vorgang getröpfelt. Nur einmal wird das Papier verstrichen und geöffnet.
2. Statt weißem Zeichenpapier wird farbiges benutzt.
3. Die Kinder arbeiten auf Zeitungspapier; der gedruckte Hintergrund bildet einen interessanten Kontrast. Denken Sie daran, daß dieses Papier die Flüssigkeit stark aufsaugt, deswegen sollten die Farben etwas cremiger und nicht zu flüssig sein.

Schnurtechnik

Nun arbeiten wir wieder am Tisch, am besten im Sitzen. Geben Sie dem Kind ein großes Blatt Papier und lassen Sie es in der Mitte falten und wieder öffnen. Bereiten Sie verschiedene, nicht zu dicke Farben in kleinen Behältern (z. B. in Sprühdosendeckeln) vor. Geben Sie dem Kind verschiedene Schnüre, Garn oder Wolle.

In den Farbbehälter taucht das Kind jeweils eine Schnur, Garn oder Wolle ein. Beim Herausnehmen streicht es die Farbe leicht mit den Fingern ab. Geben Sie dem Kind einen nassen Schwamm oder Lappen, mit dem es sich die Finger nach jedem Eintauchen säubern kann.

Die Schnüre werden nun auf eine Hälfte des Blattes gelegt, die andere wird darüber geklappt und mit den Händen fest verstrichen.

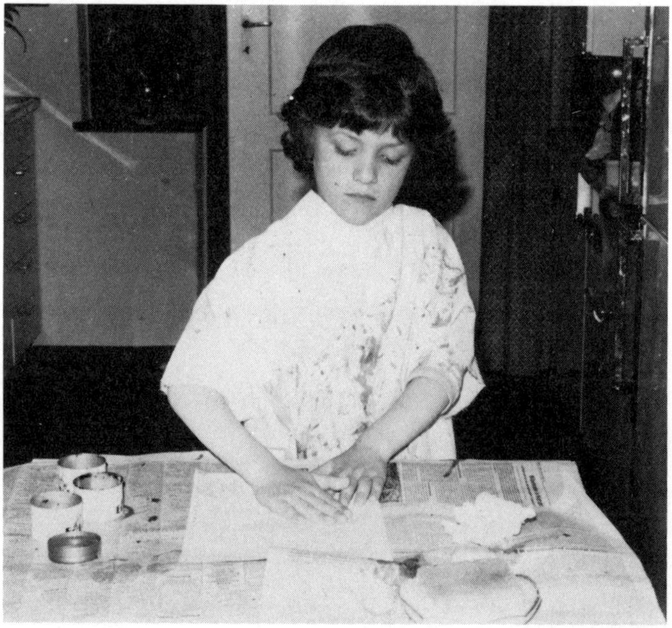

Das Kind öffnet das Papier, nimmt die Schnüre vom Blatt ab, und zurück bleibt ein symmetrisches Bild aus verschlungenen bunten Schnurspuren.

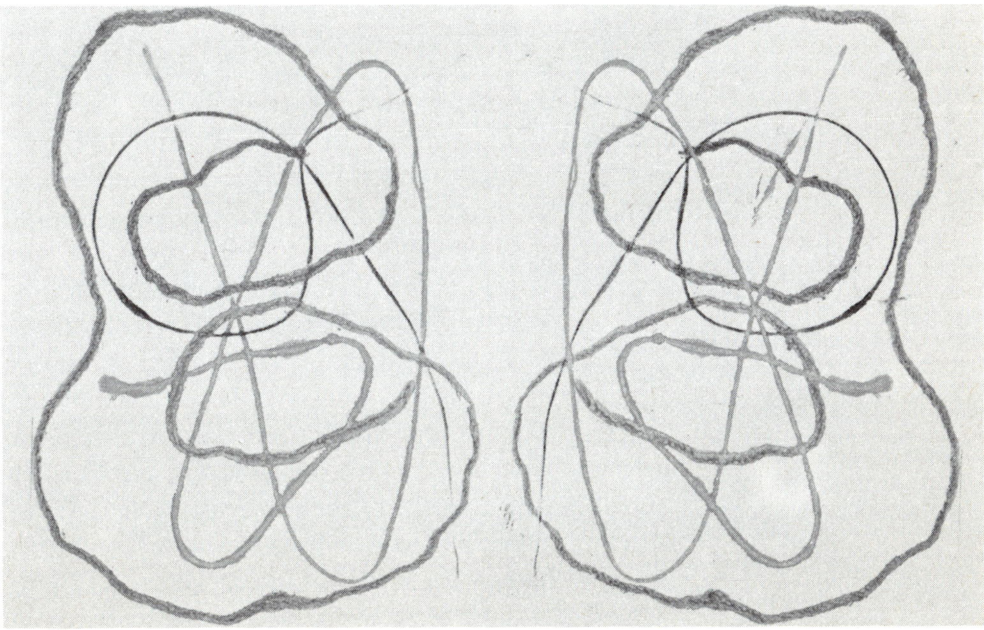

Varianten . 1. Statt Schnur nehmen Sie Stoffstreifen, Gummibänder, usw.
2. Als Untergrund wird buntes Papier benutzt.

Spritztechnik

a) einfaches Spritzen (ab 3 Jahre)
b) Schablonenspritzen (ab 4 Jahre)

Einfaches Spritzen

Für die Durchführung dieser Technik rühren Sie die Farben dünner als gewöhnlich an und benutzen einen Borstenpinsel. Sollten Sie im Zimmer malen, vergessen Sie nicht, den Arbeitsplatz gut zu schützen. Am besten arbeiten die Kinder am Boden und nicht am Tisch. Nehmen Sie Ihre Dämmplatte (siehe Seite 18) als Malunterlage und legen Sie sie flach auf den Boden. Rundherum können Sie noch den Boden mit Zeitungspapier abdecken. Dieses Mal geben Sie dem Kind ein großes Blatt Papier. Nun kann es im Stehen verschiedene angerührte Farben auf verschiedene Stellen des Papiers spritzen. Sollte jedes Kind ein eigenes Blatt haben, machen Sie es darauf aufmerksam, nicht auf das Papier der anderen zu spritzen. Die Kinder lernen dadurch, die Farben gezielter auf die Papierfläche zu spritzen.
Diese Technik ist für Schönwettertage reserviert, da wir dann draußen arbeiten können, ohne Angst, etwas zu verschmutzen oder zu bespritzen.

Am Ende können die Farbreste mit Wassereimern oder einem Schlauch entfernt werden.

Variante

Spritzen mit dem Fuß: Das Kind sitzt am Boden auf dem Malpapier, hält zwischen den Zehen einen Pinsel und spritzt die Farbe aufs Papier.

Schablonenspritzen

Für das Spritzen mit Schablonen ist es besser, am Tisch zu sitzen. Der Tisch wird wiederum gut geschützt. Das Malpapier braucht nicht zu groß zu sein (DIN A 3/4). Wir benutzen am besten die Blocktemperafarben, ein Spritzsieb (in Malgeschäften erhältlich) und eine alte Zahnbürste.
Aus einem einfachen Papier (Zeitungspapier, Katalog, Packpapier usw.) schneiden oder reißen die Kinder eine Figur oder Form, die unsere Schablone werden soll und legen diese auf das Malpapier. Um ein Verrutschen zu vermeiden, befestigen wir sie mit Stecknadeln. Nun darf das Kind Farbe darüberspritzen. Dazu taucht es die Zahnbürste in Wasser und reibt sie auf dem Temperablock, bis sie genügend Farbe aufgenommen hat. Nun hält das Kind mit der einen Hand das Sieb waagerecht über die Schablone, mit der anderen Hand bewegt es die farbgetränkte Bürste auf dem Sieb hin und her. Ist das Blatt genügend eingefärbt, wird die Schablone entfernt.

Beim Spritzen

Varianten

1. Mit mehreren Schablonen und mehreren Farben spritzen.
2. Gegenstände überspritzen (z. B. Schlüssel, Blätter, Schnüre, Nägel usw.).
3. Mehrere Schablonen werden angefertigt, auf dem Malpapier geordnet und mit einer hellen Farbe überspritzt. Sobald die Farbe trocken ist, verschiebt man die Schablonen und überspritzt sie mit einer etwas dunkleren Farbe. Man kann diesen Vorgang beliebig oft wiederholen; dabei sollte man aber darauf achten, immer mit hellen Farben anzufangen und mit allmählich immer dunkler werdenden Farben abzustufen.

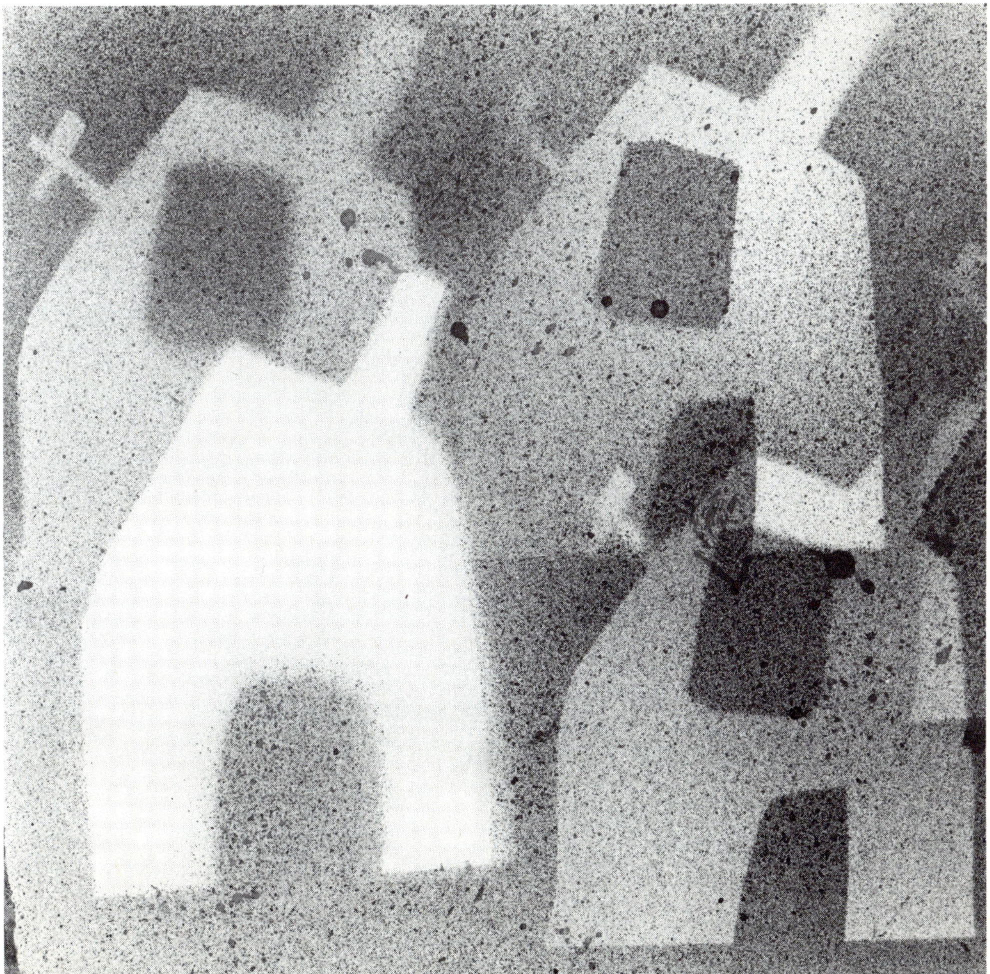

Verlauftechnik

a) mit Pinsel (ab 2 Jahre)
b) mit Bewegung (ab 3½ Jahre)
c) mit Puste (ab 3 Jahre)
d) mit Murmeln (ab 2 Jahre)

Verlauftechnik mit Pinsel

Am besten arbeiten wir hier mit einer Staffelei, damit die Farben schön nach unten verlaufen können. Sie können auch eine Dämmplatte, die Sie schräg an die Wand anlehnen, verwenden. Sollten Sie keine dieser beiden Möglichkeiten haben, so befestigen Sie das Malpapier mit Klebestreifen an einer Wand. Um aber die Wände im Eifer des Tuns nicht zu verschmutzen, empfehlen wir, einen Tisch (Kindertisch, Küchentisch, Balkontisch o. ä.) senkrecht zu kippen. Dadurch erhalten Sie eine Ersatzstaffelei, auf der Sie das Malpapier mit Klebeband befestigen und die Sie nach dem Malen gut reinigen können. Für diese Technik brauchen wir dünnere Farben als sonst, damit diese schön nach unten laufen und kräftige Spuren hinterlassen. Geben Sie dem Kind aber ein nicht zu kleines Papier (mindestens DIN A 2-Format). Der Pinsel wird satt in die Farbe getaucht und dann auf dem oberen Teil des Papiers kräftig ausgedrückt. Dieser Vorgang wird mit verschiedenen Farben wiederholt bis das ganze Blatt mit Farbspuren bedeckt ist.

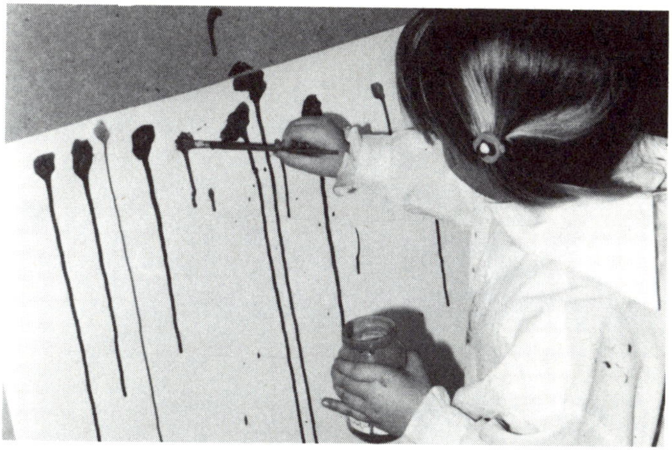

Kind beim Malen

Verlauftechnik mit Bewegung

Wir arbeiten am Tisch sitzend. Das Kind setzt mit dem Pinsel oder mit einer Spritzflasche einen großen Farbtropfen auf ein Papier (nicht größer als DIN A 4-Format). Achten Sie darauf, daß die Farbe nicht zu dickflüssig ist und gut läuft. Durch vorsichtiges wechselseitiges Anheben und Senken aller Seiten des Papiers wird das Verlaufen der Farbe in die gewünschte Richtung gesteuert. Der Farbtropfen hinterläßt schöne Spuren.

Varianten

1. Nehmen Sie verschiedene Farben.
2. Lassen Sie das Kind mehrere Farbtropfen auf einmal verlaufen.
3. Nehmen Sie statt weißem Papier buntes.

Verlauftechnik mit Pusten

Wie zuvor geschildert, setzt das Kind auf ein Papier (höchstens DIN A 4-Format) einen großen Farbtropfen. Anschließend bläst es den Tropfen auseinander. Noch mehr Spaß bringt es, wenn der Tropfen durch einen Strohhalm hindurch auseinandergepustet wird. Bei kleineren Kindern sollte der Strohhalm um die Hälfte gekürzt werden.

Varianten

1) Nehmen Sie schwarzes Papier.
2) Statt Temperafarben Tinte oder Tusche.

Beim Pusten

Verlauftechnik mit Murmeln

Wir arbeiten sitzend am Tisch. In einen Kartondeckel oder -boden legen Sie ein in der Größe passendes Stück Malpapier. Stellen Sie flüssige Farbe in kleinen Dosen oder Untertassen bereit. Folgende Fotos sollen diese Maltechnik verdeutlichen:

Das Kind taucht eine Murmel in ein Farbtöpfchen ein und holt die Murmel mit den Fingern wieder heraus.

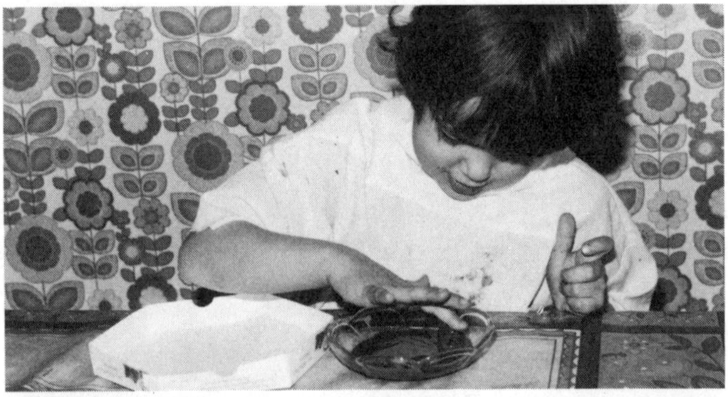

Nun wird die Murmel in den vorbereiteten Kartondeckel gesetzt. Halten Sie einen nassen Schwamm oder Lappen zum Abwischen der Finger bereit.

Durch die Bewegung des Kartons nach vorne und hinten und von einer Seite zur anderen rollt die Murmel kreuz und quer über das Malpapier und hinterläßt ihre Farbspuren.

Varianten

1. Geben Sie dem Kind mehrere Murmeln auf einmal.
2. Sollten Sie keine Murmeln haben, nehmen Sie getrocknete Erbsen oder andere kugelrunde Gegenstände.
3. Nehmen Sie einen runden Kartondeckel, z. B. von einer Käseschachtel. So erhalten Sie ein rundes Bild.
4. Lassen Sie das Kind statt einer Murmel die Räder eines Spielzeugautos in die Farbe tauchen. Durch das Hin- und Herbewegen auf dem Deckel erhalten Sie Spielzeugautospuren.

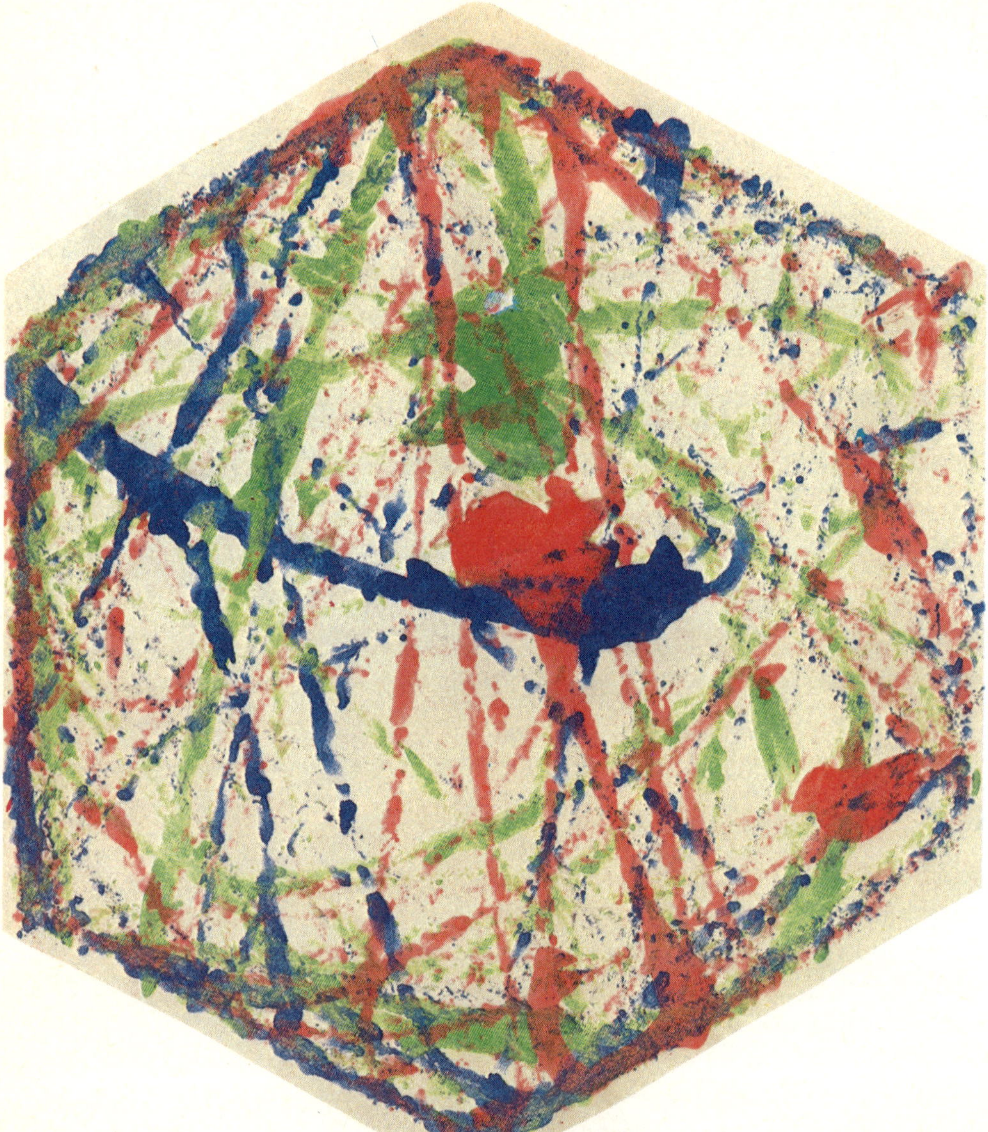

Kleistertechnik

Rühren Sie Tapetenkleister an. Sie können eine ganze Packung auf einmal nach Vorschrift anrühren und die überschüssige Menge für den späteren Gebrauch in leeren Babynahrungsgläsern aufbewahren. Nun setzen Sie die Farben an, aber nicht zu dünn. Auch dieses Mal können Sie Blocktemperafarben benutzen. Das Papier darf nicht zu groß (etwa DIN A 4-Format) und nicht zu dünn sein, weil es sich sonst durch den Kleister zu stark wellen würde. Folgende Fotos zeigen die Maltechnik auf:

Das Kind streicht mit einem Borstenpinsel das Papier mit Kleister ein.

Bevor der Kleister antrocknet, bestreicht das Kind mit bunten Farben das mit Kleister präparierte Papier, bis nichts mehr vom weißen Untergrund zu sehen ist.

Bevor Kleister und Farbe trocknen, kratzt das Kind mit dem Pinselstiel ein Bild (Linien) auf das Papier.

Lassen Sie das Blatt gut trocknen; da sich das Papier durch den Kleister etwas wellt, pressen Sie es zweckmäßigerweise über Nacht. Am nächsten Tag wird das Bild mit einem mit Möbelwachs getränkten Lappen eingerieben und anschließend poliert. Es erhält dadurch einen matten, warmen Glanz. Kinder polieren ihre Bilder gerne mit einer kleinen weichen Schuhbürste.

Variante

Geben Sie dem Kind andere Gegenstände, mit denen es ein Bild auf das Kleisterpapier kratzen kann, z. B. einen Kamm, eine Gabel usw. . . .

Einmaldruck oder Monotypie

Bereiten Sie flüssige Temperafarben mit Wasser und Kleister vor. Auf einer nicht saugenden Malunterlage (Glasplatte, kunststoffbeschichtete Tischplatte, Wachstuch, Plastikset oder dergleichen) lassen Sie das Kind mit den Fingern oder einem Pinsel ein Bild malen. Später wird ein Blatt Zeichenpapier über die Malerei gelegt und mit den Händen gleichmäßig sanft darüber gestrichen. Anschließend wird es wieder abgehoben. Die Farben haben sich auf diese Weise auf das Blatt übertragen, und das Motiv erscheint spiegelbildlich auf dem Zeichenpapier.

Variante

Siehe die Beschreibung bei Monotypie mit Wachsmalkreiden (s. S. 62)

Geruchsbilder

Zur Abwechslung können flüssige Temperafarben durch Geruchsbeigaben verändert werden. Mischen Sie in die angerührten Farben ein paar Tropfen Vanille- oder Zitronenaroma, Parfüm, Zimtpulver usw. Besonders in der Vorweihnachtszeit malen Kinder gerne Zimt- und Nelkenbilder. Auch die Struktur der Farbe können Sie verändern, indem Sie etwas Sand, Sägemehl u. ä. daruntermischen.

Drucktechnik

Druckbilder können Sie mit verschiedenen Farbarten herstellen. Im Laufe unserer Praxis haben wir herausgefunden, daß sich Temperafarben für die Drucktechnik besonders eignen. Wir benutzen die flüssigen Temperafarben genauso gerne wie die Blocktemperafarben. Flüssige Farben werden mit einem Pinsel auf den vorbereiteten Druckstock aufgetragen. Manche Kinder bevorzugen Stempelkissen. Diese brauchen Sie aber nicht eigens zu kaufen, denn die Temperablöcke ersetzen die Stempelkissen. Das Kind macht die Farbe nur mit einem Pinsel naß und schon kann es den Druckstock darauftupfen.
Übrigens können Sie sich Stempelkissen auch selbst herstellen, indem Sie zwei Papierküchentücher so zusammenfalten, daß sie in einen flachen Behälter hineinpassen. Als Behälter dient z. B. der Deckel von einem großen Gurkenglas o. ä. Anschließend tränken Sie die Tücher mit flüssiger Farbe. Nach einigen Minuten können Sie den Druckstock in Ihrem neuen Stempelkissen einfärben und das Papier bedrucken.
Eine Vielfalt von Gegenständen eignet sich zum Herstellen von Druckstöcken. Wir verwenden hauptsächlich:
Korken
Ausstechformen

Holzklötze
Kartoffeln
Zwiebeln
Blumenkohl
Karotten
Plastilin.
Übrigens sind Finger, Hände und Füße zum Drucken auch sehr gut geeignet.

Sollten Sie Gemüse (Kartoffeln, Zwiebeln usw.) zum Drucken nehmen, vergessen Sie nach dem Schneiden und Einkerben des Stempels nicht, die Feuchtigkeit mit einem Papiertuch abzutupfen, bevor Sie die Farbe auftragen.
Sie können nicht nur verschiedene Druckstöcke, sondern auch verschiedene Papiersorten verwenden. Experimentieren Sie mit den Kindern, worauf man überall drucken kann. Wir bedrucken Geschenkpapier aus Seiden- oder Packpapier, Servietten, Papiertischdecken, Briefpapier, Pappe, Tonpapier u. ä. Sollten Sie auf Stoff drucken wollen, benutzen Sie Stoffarben.

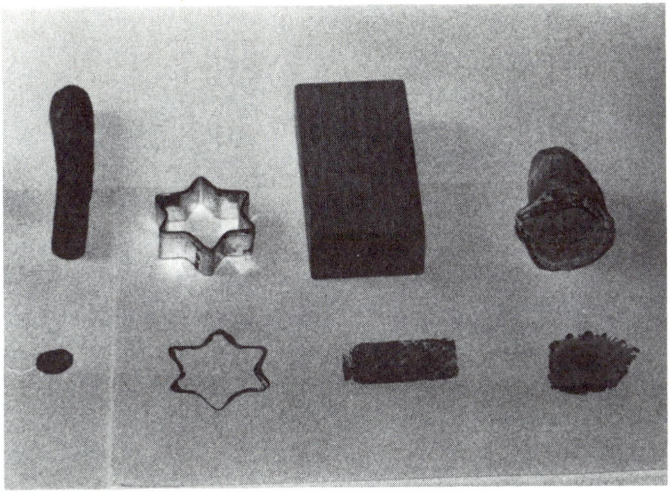

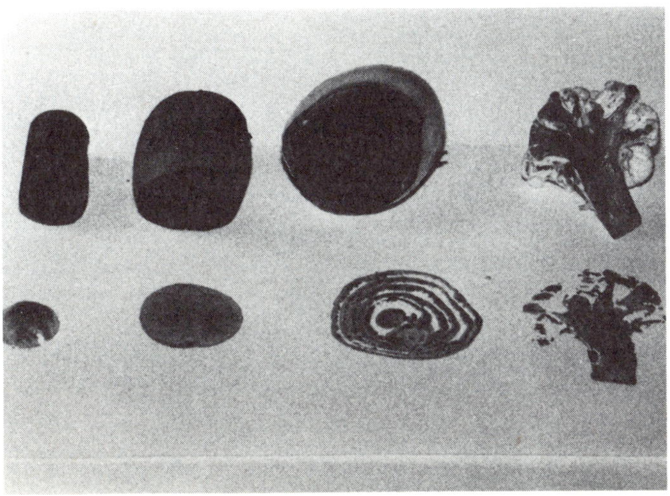

Gegenstände – Stempelergebnisse

II Kreide

Allgemeine Hinweise

Viele Eltern erschrecken schon bei dem Gedanken, Kinder in der Wohnung mit Kreide malen zu lassen. Kreidestaub bleibt überall hängen, besonders an Händen, Teppichen und Böden. Wir haben manche Tips während unserer Arbeit gesammelt, die Sie ermuntern werden, Kinder doch mit Kreide malen zu lassen, zumal dieses Material sehr preisgünstig ist.

Bieten Sie den Kindern bunte Kreide zum Malen an. Eine gute Wirkung erzielt helle Kreide auf dunklem Papier bzw. farbige oder dunkle Kreide auf weißem Papier. Um das Verwischen der Kreide zu vermeiden, können Sie die Bilder mit Haarspray fixieren.

Den Arbeitsplatz sollten Sie mit einer Plastikdekke oder mit Zeitungen schützen. Um das Verschmutzen der Kleidung zu vermeiden, ziehen Sie den Kindern am besten einen Malkittel an (s. S. 19 Temperafarben!).

Sie können verschiedene Papiersorten verwenden. Am besten eigenen sich aber diejenigen, die etwas Struktur aufweisen, die also nicht ganz glatt sind.

Verschiedene Techniken für die Kreidemalerei

Zuckerkreide
ab 2½ Jahre

Diese Technik ist nicht nur bei Kindern sehr beliebt, sondern auch bei den Eltern. Zuckerkreidebilder sind wischfest, stauben nicht und haben eine besonders hohe Farbbrillanz. Stellen Sie eine Zuckerwasserlösung in dem Mischungsverhältnis: eine Tasse Wasser und vier Eßlöffel Zucker her und weichen Sie darin über Nacht bunte Schulkreide ein. Am nächsten Tag lassen sich mit dieser eingeweichten Kreide herrliche Bilder malen. Es hat sich bewährt, wenn die Kinder vor dem Malen die Kreidestücke auf einem Papiertuch etwas abtupfen.

Kreide auf nassem Papier
ab 3 Jahre

Wir arbeiten am besten sitzend, an einem mit einer Plastikdecke geschützten Tisch. Unter das Malpapier, das Sie mit einem nassen Schwamm betupfen, werden nasse Zeitungen gelegt. So bleibt das Bild bis zur Fertigstellung feucht und außerdem kann kein Kreidestaub anfallen. Mit dem Malen kann nun begonnen werden.

Wattetechnik
ab 4 Jahre

Bei dieser Technik können Sie alle möglichen Kreidereste verwenden. Wir erhalten Kreidestaub, indem wir auf die Kreidestücke ein liegendes Glas pressen und dieses mit Druck hin und her rollen. Den auf diese Art und Weise entstandenen Kreidestaub schütten Sie in eine Untertasse. Nun

beim Farbeauftragen

schneidet oder reißt das Kind aus einem festen Papier eine Schablone und legt diese auf das Zeichenpapier. Anschließend wird der Kreidestaub rings um die Schablone herum aufgetragen, und zwar so: ein Stück Watte wird in den Kreidestaub getupft und dann vom Schablonenrand zum Zeichenpapier hin fest aufgerieben. Dabei hält die eine Hand die Schablone, die andere Hand die Watte fest. Zum Schluß darf dann die Schablone entfernt werden.

Mit Kreide auf der Tafel
ab 2 Jahre

Sollten Sie keine Wandtafel besitzen, so können Sie sich unter Verwendung einer einfachen Preßspanplatte selbst eine herstellen. Dazu schmirgeln Sie eine mindestens ein mal ein Meter große Preßspanplatte mit Sandpapier ab, grundieren sie mit Grundierfarbe, und schleifen sie erneut ab. Anschließend streichen Sie die grundierte Fläche mit einem im Farbhandel erhältlichen grünen oder schwarzen Tafellack an, schmirgeln die Fläche noch einmal ab und streichen sie ein zweites Mal. Befestigen Sie diese wischfeste Tafel mit Dübeln an der Wand. Damit nicht immer der beim Malen anfallende Kreidestaub am Boden unter der Tafel liegt, können Sie entlang dem unteren Ende der Tafel ein etwa acht Zentimeter breites Brett befestigen, das Sie mit Schwämmen auslegen; diese dienen als Staubfänger und sollten deshalb immer feucht gehalten und von Zeit zu Zeit mit Wasser ausgewaschen werden.

Kreidebilder auf dem Hof oder auf der Straße

Gehen Sie bei günstigem Wetter mit den Kindern in den gepflasterten Hof, auf den Gehsteig oder auf die Spielstraße und lassen Sie sie mit bunter Kreide ein großflächiges Bild malen. Diese Technik eignet sich sehr gut für Gemeinschaftsarbeiten. Durch Wind und Regen werden die Malereien wieder gelöscht.

Kinder beim Malen auf dem Hof

III Wachsmalstifte

Allgemeine Hinweise

Wachsmalstifte sind die mit am häufigsten benutzten Malmaterialien. Unsere Kinder haben sie schon beim ersten Kritzeln in die Hand bekommen. Sie sind problemlos zu verwenden, erzeugen schöne, klare und bunte Farben, trocknen sofort und verwischen nicht. Sie bieten den großen Vorteil, daß man keine zusätzlichen Hilfsmittel benötigt. Wachsmalstifte gibt es in verschiedenen Qualitäten und Stärken. Manche Firmen bieten Wachsmalstifte an, die mit Plastikhüllen umgeben sind, damit sie nicht abbrechen. Diese Lösung ist zwar nicht schlecht, aber die Kinder werden dadurch verleitet, nur mit der Spitze zu malen und nicht mit der Breitseite. Da dies aber besonders wichtig ist, verwenden wir am liebsten Blockmalstifte. Nach einiger Zeit werden Sie merken, daß die Kinder die Stifte »abschälen«, indem sie die Papierhülle entfernen. Lassen Sie die Kinder gewähren, denn so kommen sie schneller auf die Idee, mit der Breitseite zu malen.

Aufbewahrung

Am häufigsten werden die Wachsmalstifte in der Originalpackung aufgehoben. Wir haben die Erfahrung gemacht, daß die Aufbewahrung in größeren Schachteln sinnvoller ist, z. B. in Zigarrenschachteln (von unserem Opa bekommen wir sie reichlich), großen Teeschachteln aus Plastik oder kleinen Körbchen, die in Kindergärten sehr beliebt sind. In die Originalschachtel müssen die Stifte immer ordentlich hineingelegt werden, damit sie schließt, eine Zigarrenschachtel dagegen bietet ausreichend Platz, um Wachsmalstifte aller Stärken und Längen kunterbunt durcheinander aufzubewahren.

Arbeitsplatz und Kleidung

Wie schon bei den Temperafarben beschrieben, ist es zweckmäßig, den Kindern beim Malen eine Schürze anzuziehen, um das Verschmutzen der Kleidung zu vermeiden. Achten Sie darauf, daß der Arbeitsplatz mit einer Plastikdecke oder mit Zeitungspapier gut geschützt ist. Sollten Sie aber trotzdem am Tisch oder Boden (besonders Linoleumboden) Wachsmalstiftflecken bekommen, so lassen sie sich am besten mit Terpentin entfernen.

Papier

Für Wachsmalstifte ist fast jede Papiersorte geeignet. Nehmen Sie nicht nur weißes Papier, sondern auch buntes; auch Zeitungspapier, Computerpapier, Pergamentpapier, Packpapier und Makulaturpapier (s. Temperafarben/Papier S. 21), bieten eine gute Malfläche. Lange Streifen Makulaturpapier regen Kinder an, mit großzügigen Körperbewegungen zu malen. Besonders eifrig arbeiten die Kinder an einer Papierrolle (Reste evtl. bei

Malen auf Malrolle und Tafel

Zeitungsverlagen oder als Einwickelpapier in Läden). Durch die Rolle wird ein gekürzter Besenstiel gesteckt. An beiden Seiten des Stiels wird eine Kerbe eingeschnitzt, in die ein gut verknoteter Ring aus fester Schnur gelegt wird. Diese Konstruktion ist einfach an zwei Haken an der Wand anzubringen, die durch eine Bastmatte oder Tapete vor Farbflecken geschützt wird. Unsere Erfahrung hat gezeigt, daß es für die Kinder am besten ist, wenn diese Rolle in einer Höhe befestigt wird, in der die Kinder mit hochgestreckten Armen noch malen können. Über der Fußbodenleiste befestigen Sie am besten eine Latte als Laufschiene, unter der das Papier durchgezogen und an deren Unterkante es bequem abgerissen werden kann. Es empfiehlt sich, bei der Anbringung der Latte rechts und links eine kleine Unterlage unterzuschieben (Bierdeckel), um einen kleinen Spalt für das Durchziehen des Papiers offenzulassen.

Verschiedene Techniken mit Wachsmalstiften

Bieten Sie Kindern häufig Gelegenheit, mit Wachsmalstiften zu malen. Im Kindergarten sollte man Stifte und Papier an einem Platz aufbewahren, wo die Kinder sich jeder Zeit selbst bedienen können. Zu Hause mit den Zweijährigen sollte man etwas vorsichtiger sein. Geben Sie ihnen nur einige Stifte auf einmal und sorgen Sie für einen sicheren Aufbewahrungsort. Wenn die Kinder mit den Wachsmalstiften vertraut sind, können Sie mit ihnen noch andere Malmöglichkeiten üben. Wir haben verschiedene lustige Techniken im Verlauf unserer Praxis gesammelt.

Abspringtechnik
ab 5 Jahre

Lassen Sie das Kind große, bunte Flächen eines Papiers (höchstens DIN A 4-Format) mit Wachsmalstiften bemalen. Es ist dabei wichtig, daß die Farben dick aufgetragen werden. Anschließend wird das ganze Bild mit Ausziehtusche und Pinsel übermalt. Wenn das Bild trocken geworden ist, wird es unter fließendes Wasser gehalten. Dadurch springt die Tusche an den Stellen, die mit Wachsmalstiften bemalt wurden, zum großen Teil wieder ab.

Wischtechnik
ab 4 Jahre

Wir arbeiten am Tisch. Lassen Sie die Kinder mit Wachsmalstiften auf glattes Papier ein Bild malen. Anschließend wird mit einem in wenig Terpentin getupften Lappen vorsichtig über das Bild gewischt. Das Terpentin löst das Wachs auf, und dadurch verwischen Konturen und Farben.

Variante

Füllen Sie etwas Terpentin in ein kleines Gläschen. Anstatt mit einem Lappen wird das Bild jetzt mit einem in Terpentin getauchten Pinsel bestrichen.

Übermaltechnik
ab 4 Jahre

Kinder malen ein buntes Bild mit Wachsmalstiften. Anschließend wird dieses vollständig mit Wasserfarben übermalt. An den Stellen, die mit Wachsmalstiften bemalt sind, deckt die Wasserfarbe nicht. Dadurch entsteht ein Bild, das keine weißen Stellen aufweist. Die Wasserfarben wirken wie eine Grundierung.

Variante

»Hokus Pokus« – Bild: Auf einem weißen Papier malt das Kind mit einer weißen Kerze oder mit einem weißen Wachsmalstift ein Bild, das aber noch nicht zu sehen ist. Anschließend wird der Malbogen mit Pinsel und Wasserfarben bestrichen und »Hokus Pokus!« das eigentliche Bild kommt jetzt erst zum Vorschein.

Abreibe- oder Rubbeltechnik
ab 4 Jahre

Unter das Zeichenpapier wird ein flacher Gegenstand mit plastischer Struktur, z. B. ein Baumblatt, gelegt. Mit der Breitseite des Wachsmalstiftes streicht das Kind gleichmäßig mit sanftem Druck über das an dieser Stelle leicht erhöhte Zeichenpapier, bis die Form des Gegenstandes und seine Struktur auf dem Papier erscheint.

Varianten

1. Benutzen Sie nicht nur Baumblätter, sondern auch andere Pflanzenblätter, Bierdeckel, Münzen, geformte Drähte wie z. B. Pfeifenputzer, Knöpfe u. ä.
2. Lassen Sie Kinder aus Karton, Tonpapier, Wellpappe u. ä. selber eine Schablone zum Abreiben anfertigen.
3. Lassen Sie das Kind ein Bild mit Bleistift malen, z. B. ein Auto. Die Bleistiftstriche werden mit Klebstoff bestrichen und mit einer Schnur überklebt. Dieses »Schnurbild« können Sie jetzt als Schablone zum Abreiben benutzen.
4. Lassen Sie die Schablone oder die Gegenstände mehrmals auf dem Zeichenpapier an verschiedenen Stellen und mit verschiedenen Farben abreiben.
5. Gehen Sie mit den Kindern in den Hof, auf die Spielstraße, durch die Wohnung u. ä. und lassen Sie die Kinder von den verschiedenen Bodenbelä-

gen Abreibebilder anfertigen. Es entstehen interessante Strukturen, wie z. B. Abreibebilder von einem Straßenpflaster, Kanaldeckel, Küchenboden, Teppichboden usw. Für diese Variante benötigen Sie jedoch große Papierbögen, damit ein zusammenhängendes Bild »abgerieben« werden kann.

Kratztechnik (Sgraffito)
ab 5 Jahre

Ein kleines Stück Papier oder Karton (diese Technik ist für die kleine Kinderhand anstrengend, deshalb ist ein kleines Format geeignet) wird mit verschiedenen bunten Wachsmalstiften kräftig zugestrichen. Anschließend wird das ganze bemalte Papier mit einem schwarzen oder dunkelblauen Stift übermalt. Mit einem Schaber (der in der Wachsmalstiftschachtel liegt) oder mittels eines großen Nagels, Zahnstochers, einer Stricknadel, Feile usw. kratzt das Kind ein Bild in die jetzt dunkle Oberfläche ein. Durch das Ritzen werden die bunten Farben, die sich unter der dunklen Deckfarbe befinden, freigelegt.

Variante

Verwenden Sie dunkle Temperafarbe oder Tusche für die zweite Schicht.

Einmaldruck (Monotypie)
ab 4 Jahre

Wir benötigen für diese Einfachst-Flachdrucktechnik einen glatten, nicht saugenden Druckträger, z. B. eine Resopal-, Linoleum- oder Glasplatte. Die Kinder malen mit bunten, wasserlöslichen Wachsmalstiften (unter dem Namen »Aquawachs« erhältlich) möglichst kräftig verschiedenfarbige Motive, z. B. Herbstblätter, Luftballons, Fische oder dergleichen auf den Druckstock auf, wobei sie mit der Farbstärke experimentieren können. Anschließend wird ein Blatt Zeichenpapier (höchstens DIN A 3-Format) unter fließendem Wasser oder mit einem nassen Schwamm gut angefeuchtet. Nun wird das nasse Papier auf den bemalten Druckstock gelegt und mit dem Handballen kräftig aufgedrückt. Hebt das Kind das Papier nach kurzer Zeit wieder vorsichtig ab, so finden sich die Herbstblätter darauf spiegelver-

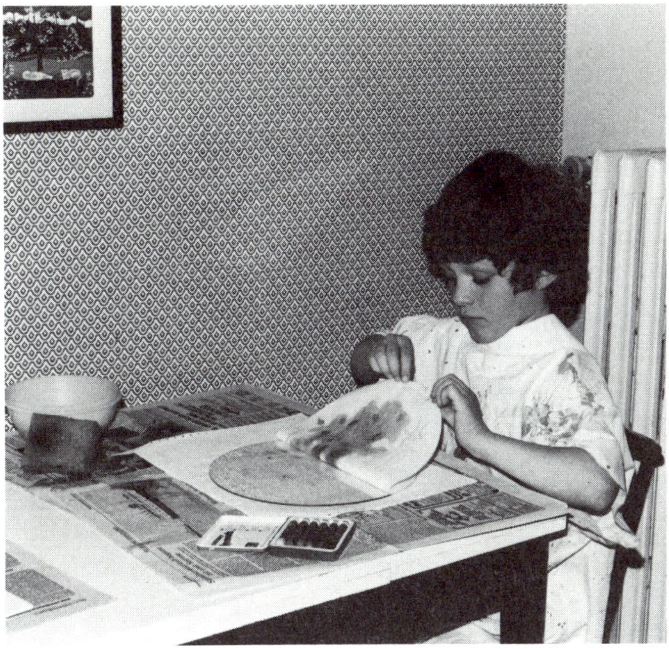

beim Abheben

kehrt wieder. Da die trocken aufgetragenen Wachskreiden vom gewässerten Zeichenpapier aufgelöst werden, entsteht ein sehr interessantes Ergebnis.

Variante

Das Kind nimmt mit einem nassen Pinsel die Farbe direkt von der Wachskreide ab und überträgt diese auf den Druckstock.

Überraschungsbilder
ab 2½ Jahre

Legen Sie unter ein weißes Blatt Papier (mindestens DIN A 4-Format) eine dicke Zeitung oder eine andere weiche Unterlage. Das Kind darf jetzt mit einem spitzen Gegenstand, z. B. einer Stricknadel oder einem Wachsmalkreidenschaber ein unsichtbares Bild auf das Blatt drücken. Anschließend übermalt das Kind das Papier kräftig mit bunter Wachsmalkreide mit der Breitseite. Nun kommt das unsichtbare Bild zum Vorschein, da die eingedrückten Linien die Farbe nicht annehmen. Vor allem die Kleinen haben ihre Freude an dem Überraschungsbild; achten Sie aber bitte darauf, daß sich das Kind nicht verletzt.

Schmelzbilder
ab 4½ Jahre

Entzünden Sie auf dem Arbeitsplatz eine Kerze und legen Sie Papier und bunte Wachsmalstifte bereit. Das Kind hält einen Wachsmalstift ohne Hülle mit der Spitze in die Flamme, bis er an der Oberfläche schmilzt und malt jetzt ein Bild aufs Papier, wobei der Stift immer wieder angeschmolzen wird. Die Wachskreiden hinterlassen auf dem Papier durchsichtige, farbige Streifen, Kleckse und Punkte. Halten Sie die Blätter ans Fenster, dann werden sie die Brillanz von Glasmalereien haben. Stellen Sie bei dieser Maltechnik bitte aus Sicherheitsgründen einen Eimer voll Wasser bereit.

Variante

Stellen Sie eine elektrische Warmhalteplatte auf den Tisch und schalten Sie den Temperaturregler auf »mittel«. Das Kind legt ein Blatt Papier auf die Platte und fährt dann mit den Wachskreiden über das Papier. Geben Sie ihm einen dicken Schwamm, mit dessen Hilfe es das Papier mit einer Hand festhalten kann.

IV Fingerfarben

Allgemeine Hinweise

Manche Kinder trauen sich anfangs nicht, mit Fingerfarben zu malen. Ständig haben sie zu hören bekommen, sie sollen sich die Hände nicht schmutzig machen, und jetzt auf einmal dürfen sie mit Fingern und Händen Farbe verschmieren. Diese Scheu weicht aber schnell, und bald werden sie merken, wieviel Spaß Kinder beim Malen mit Fingerfarben haben.

Wir können zwei verschiedene Produkte für die Fingermalerei benutzen. Ein Produkt können Sie unter dem Namen »Fingerfarben« erhalten, die jedoch nicht ganz billig sind. Um sie ergiebiger zu machen, können sie mit Wasser und Kleister etwas »gestreckt« werden. Sie bieten den großen Vorteil, daß sie sich, falls Sie mit den Kindern am Fenster malen, gut von Glasscheiben abziehen, abwaschen oder abschaben lassen. Und sie sind v. a. nicht giftig.

Das andere Produkt können Sie selber herstellen. Nehmen Sie flüssige bzw. Pulvertemperafarbe oder Dispersionsfarbe und mischen Sie die Farbe mit angerührtem Kleister zu einem dicken Brei. Es ist ratsam, die Farben in kleinere Behälter (wir nehmen Sprühdosendeckel, Joghurtbecher usw.) umzufüllen, wenn die Kinder malen. Später kann man die Reste wieder in den Aufbewahrungsbehälter umfüllen.

Arbeitsplatz und Kleidung

Dieses Mal brauchen Kinder unbedingt eine Schürze zum Malen (s. Temperafarben S. 19). Am besten arbeiten wir am Tisch stehend. Achten Sie jedoch darauf, daß der Tisch nicht zu hoch ist. Sollten Sie zu Hause keinen niedrigen Tisch haben, so können Sie eine Dämmplatte zwischen zwei Stühle legen oder an die Wand anlehnen. Es ist wichtig, das Malpapier beim Malen zu befestigen, um das störende Rutschen zu vermeiden. Das erreichen Sie dadurch, daß Sie das Papier am Ende des Tisches mit Klebeband befestigen oder das Papier feucht auf eine Plastikdecke auflegen. Lassen Sie die Kinder mit beiden Händen malen. Es ist ratsam, einen Eimer mit Wasser in Malnähe bereitzustellen, damit das Kind, falls es z. B. schnell auf die Toilette muß, sich dann die Hände im Eimer waschen kann. Dadurch bleiben Türen, Griffe und sonstige Gegenstände sauber.

Papier

Zum Malen mit Fingerfarben eignen sich viele Papiersorten. Vergessen Sie nicht, ein großes Papierformat zu verwenden, damit das Kind Bewegungsfreiheit beim Malen hat. Sie können die Kinder aber auch an Fensterscheiben oder auf Plastikdecken malen lassen, die Sie, da die Farben wasserlöslich sind, anschließend wieder bequem sauber bekommen.

Verschiedene Techniken mit Fingerfarben

Bieten Sie den Kindern mehrere Farbtöne zum Malen an. Anfangs können Sie den Kindern Farbe auf das Papier geben, später kann das Kind selbst aus den Farbbehältern mit den Fingern etwas herausnehmen. Verwenden Sie bei den kleineren Kindern zunächst Behälter, in die man nur einen Finger eintauchen kann, um sie an das Malen mit Fingerfarben zu gewöhnen.
Später können Sie die Kinder mit Händen, Fingern und Ellbogen die Farbe auf das ganze Blatt verteilen und malen lassen.
Nachdem die Kinder mit der Grundtechnik der Fingermalerei vertraut sind, können Sie nun etwas variieren. Wir wenden folgende Techniken an:

Sandtechnik
ab 3 Jahre

Mischen Sie etwas Sand in die Fingerfarben und lassen Sie die Kinder mit Fingerspitzen und mit Händen malen.

Fingerfarben mit musikalischer Untermalung

Kinder malen mit den Fingerfarben mit beiden Händen auf einem großen Papierbogen. Gleichzeitig spielen Sie Musik, z. B. rhythmische, klassische, moderne oder volkstümliche Musikstücke, je nach Vorliebe Ihres Kindes. Lustiger ist es, wenn Sie das Tempo der Musik durch Verstellen der Drehgeschwindigkeit an ihrem Plattenspieler verändern.

beim Malen

Fingerfarben mit dem Fuß

Diese Technik wenden Kinder besonders gerne an. Um Unfälle zu vermeiden, lassen Sie die Kinder auf dem Papier nicht barfuß gehen. Am besten stellen Sie einen Hocker oder einen Stuhl neben einen großen, auf dem Fußboden liegenden, Papierbogen. Vergessen Sie nicht, das Papier zu befestigen. Nun setzt sich das Kind barfuß auf den Hocker und malt mit den Füßen. Ein anderes Kind kann dabei Hilfestellung leisten und weitere Farben auf das Papier geben.

Variante

Sollten Sie einen Klavierhocker oder drehbaren Bürostuhl besitzen, stellen Sie ihn in die Mitte eines großen Papierbogens. Das barfüßige Kind setzt sich auf den Hocker und bemalt mit den Füßen das ganze Papier, indem es sich im Kreis herumdreht. Beim Aufstehen vom Hocker dürfen Sie jedoch nicht vergessen, dem Kind behilflich zu sein.

V Wasserfarben

Allgemeine Hinweise

Malen mit Wasserfarben begeistert Kinder immer wieder. Sie genießen es, einen eigenen Farbkasten, einen Haarpinsel und Wasser zu benutzen. Allerdings meinen wir, daß Temperafarben besser geeignet sind, um kleine Kinder (2- bis 3jährige) mit dem Pinsel malen zu lassen. Erst wenn das Kind schon gut mit Pinsel und Farben umgehen kann, sollte es mit Wasserfarben zu malen beginnen.

Arbeitsplatz und Kleidung

Da beim Malen mit Wasserfarben die Gefahr besteht, daß der Arbeitsplatz durch verschüttetes Wasser naß wird, schützen wir ihn mit Zeitungspapier, weil dieses die verschüttete Flüssigkeit besser als ein Wachstuch oder eine Plastikdecke aufsaugt. Beim Malen ziehen sich die Kinder eine Schürze an (s. Temperafarben S. 19). Die anderen allgemeinen Vorbereitungen zum Malen sind denen beim Malen mit Temperafarben entsprechend.

Papier

Wasserfarben sind im Gegensatz zu Temperafarben transparent. Um diese Transparenz deutlicher zum Ausdruck zu bringen, benutzen wir am besten weißes Papier. Dieses darf allerdings nicht zu großformatig sein (höchstens DIN A-3).

Naß-auf-naß-Technik
ab 3 Jahre

Das Malpapier wird unter fließendes Wasser gehalten oder mit einem Schwamm gut angefeuchtet. Anschließend wird dieses mit Wasserfarben bemalt. Manche Kinder sind jetzt vom Ergebnis ihres Bildes überrascht, weil es durch das Verlaufen der Farbe oft einen unerwarteten Ausgang nimmt. Besondere Freude haben die Kinder am Herstellen von und Experimentieren mit Mischfarben.

Knittertechnik
ab 3 Jahre

Das Malpapier wird verknittert, anschließend ausgebreitet und dann naß gemacht. Mit einem Pinsel trägt das Kind Wasserfarbe auf das nasse Papier. Nun konzentriert sich die Farbe besonders auf die Knitterfalten und die Farben fließen wie bei der Naß-auf-naß-Technik ineinander.

Verschiedene Techniken mit Wasserfarben

Geben Sie dem Kind einen Farbkasten mit nicht mehr als sechs bis acht Farben, einen Haarpinsel (bei kleineren Kindern einen Borstenpinsel) und einen Behälter mit Wasser, in dem das Kind den Pinsel zum Malen eintauchen und am Schluß wieder säubern kann. Dieser Wasserbehälter soll möglichst stabil sein. Wir benutzen dafür leere Konservendosen (ohne scharfen Rand) oder große Gläser (z. B. leere Gurkengläser). Das Wasser soll oft gewechselt werden, um dadurch leuchtende und saubere Farben zu erhalten.
Wenn das Kind genügend Erfahrungen mit Wasserfarben gesammelt hat, können Sie mit ihm die folgenden Techniken ausprobieren. Viele Techniken, die bei den Temperafarben beschrieben wurden, können Sie auch mit Wasserfarben ausprobieren.

Ritztechnik
ab 5 Jahre

Auf einem weißen Papier ritzt das Kind mit einem spitzen Gegenstand (langer Nagel, Zahnstocher, Stopfnadel oder dergleichen) ein Bild. Anschließend wird das Papier mit Wasserfarben übermalt. Die eingeritzten Linien und Punkte saugen jetzt die Farbe intensiver als das übrige Papier auf und heben sich dadurch vom Hintergrund deutlicher ab.

Klebetechnik
ab 5 Jahre

Diese Technik beansprucht viel Zeit. Lassen Sie die Kinder auf ein weißes Papier ein Bild mit einem durchsichtigen Flüssigkleber malen. Dieser wird direkt von der Flasche oder Tube auf das Papier übertragen und eventuell mit dem Finger etwas verteilt. Wenn der Klebstoff gut getrocknet ist, wird das ganze Bild anschließend mit einer hellen Wasserfarbe übermalt. Sobald die Farbe getrocknet ist, malt das Kind erneut mit Klebstoff auf das Papier. Nach dem Trocknen wird das Bild mit einer dunkleren Wasserfarbe übermalt. Dieses Wechselspiel von Klebstoff und immer dunkler werdender Farbe wird so oft wie gewünscht wiederholt. Der Klebstoff verdeckt die darunterliegende Farbe nicht und verhindert, ähnlich wie beim Versiegeln, daß diese Stelle noch andere Farben annimmt.

VI Techniken mit anderen Materialien

Allgemeine Hinweise

Temperafarben, Kreide, Fingerfarben, Wachsmalstifte und Wasserfarben stellen für uns die wichtigsten Malmaterialien dar, weil mit ihnen die grundlegendsten Techniken eingeübt und wichtige Raumerfahrungen gewonnen werden können. Im Verlauf unserer Arbeit mit kleinen Kindern haben wir aber auch noch andere Materialien zum Bildergestalten verwendet und dabei festgestellt, daß die Kinder die Abwechslung mit großer Freude annehmen.

Verschiedene Techniken mit anderen Materialien

Sandtechnik
ab 4 Jahre

Auf einem festen Papier (z. B. Tonpapier) malt das Kind mit einem Stift eine Figur. Auf die Konturen wird Klebstoff aufgetragen. Bevor der Klebstoff trocknet, schüttet das Kind Sand über das ganze Papier. An den mit Klebstoff bestrichenen Stellen bleibt der Sand haften.

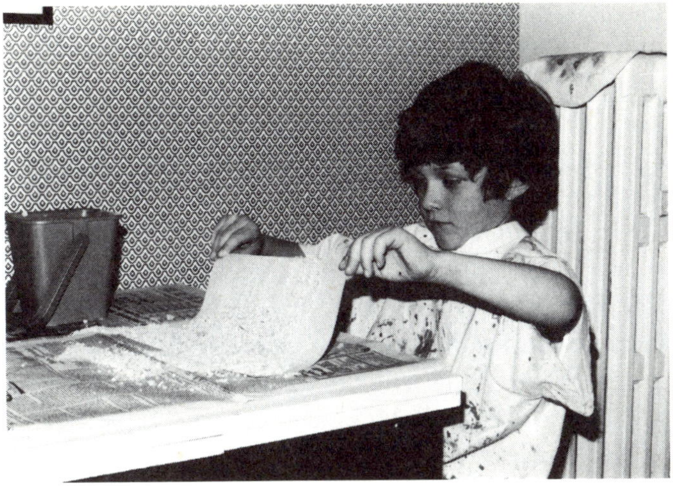

Der nicht haftende Sand wird abgeschüttelt

Sandtier

Kratztechnik auf Glas
ab 5 Jahre

Beim Glaser erhalten Sie billige Glasreste. Nehmen Sie ein Stück (nicht größer als DIN A 4-Format) und lassen Sie das Kind als erstes den Rand vorsichtig mit Tesakrepp bekleben. Dieser beklebte Rand dient als Rahmen und als Schutz vor Verletzungen am scharfkantigen Glasrand. Anschließend wird mit einem Pinsel und Plakafarben bzw. Hinterglasmalfarben das Glas bestrichen. Die Farbe muß gut trocknen. Mit einem scharfen Gegenstand, z. B. einem großen Nagel, Messer, einer Stricknadel oder dergleichen wird ein Bild auf die trockene Farbe eingekratzt. Diese Kratzbilder wirken besonders hübsch, wenn man sie ins Fenster hängt.

Marmoriertechnik
ab 5 Jahre

Mit ein paar Tropfen Terpentin werden verschiedene Ölfarben (drei bis vier Farben) in kleinen Deckeln (z. B. in Schraubverschlüssen von Babynahrungsgläsern) aufgelöst. Die Kinder tropfen die aufgelöste Farbe mit einem Pinsel in einen mit Wasser gefüllten Eimer. Da Ölfarben nicht wasserlöslich sind, schwimmen sie auf der Wasseroberfläche. Zunächst werden die Farben mit dem Pinselstiel oder -stock kurz untergerührt; anschließend legt das Kind ein Blatt auf die Wasseroberfläche und hebt es nach kurzer Zeit vorsichtig wieder ab. Nun hat sich die Ölfarbe auf das Papier

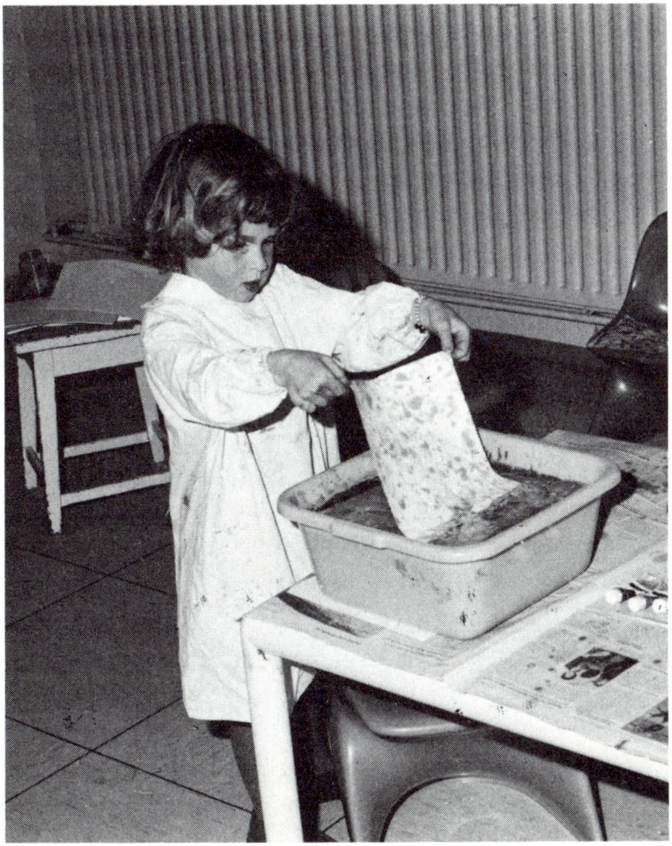

Kind beim Papierheben

übertragen. Die Bilder müssen sehr gut trocknen. Mit dieser Technik eingefärbtes Papier eignet sich besonders gut als Geschenkpapier.

Gipstechnik
ab 4 Jahre

Schützen Sie den Arbeitsplatz mit einer Plastikdecke oder dergleichen. Stellen Sie Gips, einen Eimer Wasser, ein paar Handtücher und runde Käseschachteln zum Gießen der Gipsplatten bereit. Das Kind rührt unter Ihrer Anleitung Gips an (achten Sie auf das angegebene Mischverhältnis) und gießt ihn in die Käseschachteln, auf deren Boden eine Kordel, die als Aufhänger dient, gelegt wird. Nun muß der Gips eine dreiviertel Stunde abbinden, bis eine vorsichtig mit dem Finger eingedrückte Vertiefung im Gips zurückbleibt. Jetzt kann das Kind eine Hand oder den Fuß im Gips fest abdrücken. Es dauert zwei Tage, bis die Platten völlig getrocknet sind und die Pappschachtel von der Gipsplatte entfernt werden kann. Um den Eindruck der Kinderhände noch hervorzuheben, können die Kinder die Platten mit Tempera-, Wasser- oder Plakafarben anmalen, und zwar entweder die abgedruckten Hände oder Füße oder die Fläche um den Abdruck herum. Die Kinder können ihren »begipsten« Fuß bzw. die »begipste« Hand noch an verschiedenen Stellen, z. B. auf dunklem Tonpapier abdrucken.

Varianten

1. Das Kind malt die Gipsplatte bunt an und ritzt mit einem spitzen Gegenstand (Stopfnadel, langer Nagel oder dergleichen) ein Bild ein.

Verschiedene Gipsplatten

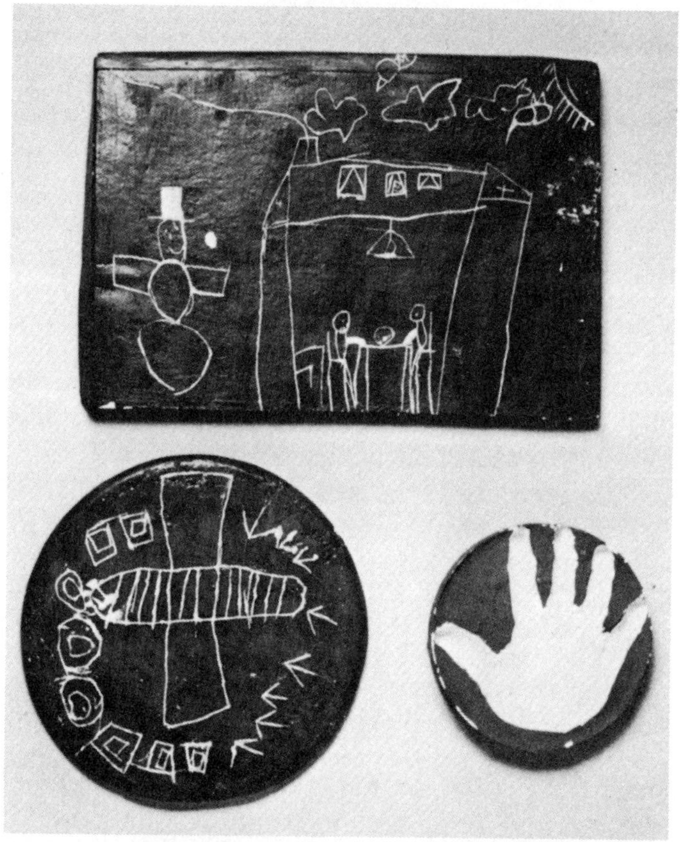

2. Außer runden Käseschachteln können auch andere Schachtelformen zum Gießen der Gipsplatten verwendet werden.

Papierbatik
ab 5 Jahre

Planen Sie für diese Technik viel Zeit ein; das ästhetische Ergebnis läßt aber die etwas aufwendigeren Vor- und Nachbereitungsarbeiten sicher schnell vergessen.
Stellen Sie eine Haushaltskerze, Zündhölzer, zwei bis drei verschieden helle Tempera-, Plaka- oder Wasserfarben, weißes Papier (nicht größer als DIN A 4-Format) und einen Eimer Wasser als Feuerschutz bereit. Das Kind tropft zuerst mit der Kerze Punkte und Linien auf das Papier. Anschließend übermalt es das Blatt mit einem breiten Pinsel mit heller Farbe, nachdem das Kerzenwachs getrocknet ist. Die mit Wachs bedeckten Stellen nehmen die Farbe nicht an und bleiben weiß. Nun wird erneut Wachs auf das eingefärbte Papier getropft und mit einer etwas dunkleren Farbe übermalt, so daß die beim zweiten Arbeitsgang eingewachsten Motive in der hellen Farbe erscheinen. Dieser Vorgang kann mit immer dunkler abgestuften Farben beliebig oft wiederholt werden.
Zum Schluß legt das Kind eine Lage Zeitungen unter und eine Lage über das Bild und fährt mit dem heißen Bügeleisen so lange darüber, bis das ausgebügelte Wachs vom Zeitungspapier aufgesogen ist.

Weichebilder oder Eintauchtechnik
ab 4 Jahre

Bereiten Sie sehr dünne flüssige Farben in leeren Joghurtbechern vor. Für diese Technik benutzen wir Tempera-, Plaka-, Wasserfarben oder ähnliches. Nun faltet das Kind ein Papierküchentuch, eine Papierserviette, ein Papiertaschentuch oder dergleichen zweimal zusammen. Jede Papierecke wird an den Faltlinien in der Farbe eingetaucht. Öffnet das Kind das Papiertuch, erscheint ein symmetrisches Bild, das noch zum Trocknen ausgebreitet werden muß.

Varianten

1. Das Kind faltet das Papier je nach Geschicklichkeit und Fantasie und taucht es in die Farbe.

2. Das Kind schneidet oder reißt, ähnlich wie bei einem Scherenschnitt, Muster in das Papier, bevor es das Papier in die Farbe taucht.

Metallpapierbilder
ab 3 Jahre

Das Kind schneidet buntes Metallpapier in kleine Formen (dabei kann die Form mit Hilfe einer Schablone aus Pappe aufgezeichnet werden), legt eine weiche Unterlage unter und drückt mit der ausgeschriebenen Miene eines Kugelschreibers oder einer Stricknadel ein Muster ein. Die eingedrückten Linien können eventuell mit einem Folienstift nachgemalt werden. Mit Hilfe dieser Technik läßt sich auch hübscher Christbaumschmuck herstellen.

Ritztechnik
ab 5 Jahre

Das Kind ritzt mit einem spitzen Gegenstand (Stricknadel, Stopfnadel, langer Nagel oder dergleichen) ein Bild in ein buntes Plakatpapier, das nicht größer als DIN A 4-formatig sein sollte. Die eingeritzten Stellen werden weiß, weil die Oberfläche des Papiers weggeritzt wurde.

Stechbilder
ab 4 Jahre

Unter ein Stück in Form geschnittene Aluminiumfolie wird eine weiche Stoffunterlage gelegt. Nun sticht das Kind mit einer Nadel, einem Kugelschreiber mit ausgeschriebener Miene, einem Zahnstocher oder einem anderen spitzen Gegenstand Löchermotive in die Folie. Damit die Löcher zur Wirkung kommen, kann die Aluminiumfolie auf ein farbiges Papier geklebt werden. Besonders hübsch macht es sich, wenn die in Form geschnittenen Bilder auf Transparentpapier geklebt und als Mobile aufgehängt werden.

Die Entwicklung des kindlichen Malens und Gestaltens

Der Betrachter von Kinderzeichnungen ist immer wieder fasziniert darüber, mit welchem naiven Selbstbewußtsein das kleine Kind im Gegensatz zum Erwachsenen mit Punkt und Linie seine Welt und sein Umweltverständnis abbildet. Viele Eltern sind aber auch enttäuscht darüber, daß Kinder »nur« kritzeln, denn mit Zickzacklinien, Strichen, Kurven, Kringeln und Punkten in verschiedenen Farben, wahllos aufs Papier verteilt, können sie nichts anfangen, weil sie nicht wissen, daß das Kritzeln für das Malen eine genauso wichtige Vorübung ist wie das Plappern fürs Sprechen; was auf den ersten Blick so sinnlos aussieht, hat durchaus Bedeutung: es sind gemalte Erzählungen, Eindrücke, Gefühle, denn Kinder malen nicht das, was sie sehen, sondern das, was sie wissen. Das Kritzeln ist deswegen so wichtig, weil die Feinmotorik des Kindes trainiert wird, mit deren Hilfe es später zielgerichtete Bewegungen ausführen kann. Wenn diese Erfahrungen im Kleinkindalter nicht gemacht werden, müssen sie später in der Schule oft sehr mühsam nachgeholt werden.

Die Bildsprache des Kindes ist immer wieder untersucht worden; und es gibt reichhaltige Literatur dazu. (Besonders verweisen wir für den interessierten Leser auf das Buch von Rudolf Seitz

»Zeichnen und Malen mit Kindern«.) Am Ende dieses Buches wollen wir nur kurz die Entwicklung des kindlichen Gestaltens umreißen, bei der es, genau wie bei der körperlichen Entwicklung, eine vorhersagbare Abfolge gibt. Dies zu wissen ist wichtig, damit Sie die Kinderzeichnungen besser verstehen und vielleicht manche Gründe erkennen, warum Kinder so zeichnen. Eltern neigen dazu, das eigene Kind mit anderen zu vergleichen. Dieser Vergleich, ob z. B. das Nachbarskind schon einen Kopffüßler zeichnet, das eigene Kind aber noch nicht, kann für die Förderung des kindlichen Gestaltens gefährlich werden. Lassen Sie deshalb Ihr Kind aus sich heraus entwickeln und werden Sie nicht unruhig, wenn es einen anderen Entwicklungsstand aufzeigt als ein anderes, gleichaltriges Kind.

Das zwei- und dreijährige Kind

Das zweijährige Kind ist noch kaum in der Lage, Arme und Hände bewußt zu steuern. Es malt noch mit grobmotorischen Bewegungen aus dem Schultergelenk heraus.
Die frühesten Kritzel sind nur *zufällige* Ergebnisse einer Bewegung, bei der das Kind einen Bleistift oder ein Stück Kreide in der Hand hält und sich über die entsprechenden Spuren freut. Es entstehen die für die Kritzelstufe typischen, noch

ungeordnet erscheinenden Liniengewirre. Die Kinder kritzeln mit schwungvollen, kreisenden Bewegungen; der Stift wird aber auch mit voller Wucht auf das Papier geschlagen, so daß Punkte, Löcher, »Fahrer« zu sehen sind. Das Kind untersucht mit diesen »Hieben« aufs Papier die Möglichkeiten des Stiftes und findet es ungemein aufregend, Kleckse, Striche und Zeichen zu machen und diese lustbetont und mit entsprechenden »Arbeitsgeräuschen« begleitet an einer Stelle immer wieder zu wiederholen. Das Kind reagiert durch dieses Schwungkritzeln seine Bewegungsfreude ab und trainiert damit immer mehr seine Feinmotorik.
Allmählich lernt es dann die Bewegungen seines Ellbogens zu kontrollieren. Es entdeckt den Zusammenhang zwischen der Bewegung der Arme und der des Stiftes. Dem Kind gelingt es immer besser, die Bewegungsspur willentlich zu steuern. Nun setzt oft ein energisches Zickzackkritzeln ein, das deutlich den eigenen Willen und das Bemühen, in einem bestimmten Bewegungsablauf zu bleiben, verrät. Es fällt oft mit dem Trotzalter, also dem ersten Versuch, sich willentlich durchzusetzen, zusammen. Es entstehen die ersten Kinderbriefe, in denen das Zickzackkritzeln zeilenförmig angeordnet ist.

Die Feinmotorik ist jetzt soweit ausgereift, daß das Kind nun auch die Bewegung der Handgelenke kontrollieren kann. Mit zunehmender Geschicklichkeit bedeckt der kleine Kritzler seine Blätter mit isolierten Formen (Kreisen, Ovalen, Kreuzen) und verziert sie allmählich auch mit Linien und Zeichen. Die Fähigkeit, mit der Welt außerhalb seiner selbst in Verbindung zu treten, nimmt zu. Nun hat das Kind Distanz zu seinem Produkt: das Endprodukt der Bewegung ist nun von Bedeutung. Je nach dem Bedürfnis des Kindes steht dieselbe Kritzelei für Mama, Papa, Hund oder Auto. Die Bedeutung ist also noch nicht ganz sicher festgelegt. Doch bald lassen diese sinnunterlegten Zeichnungen erste Merkmale von Wesen und Dingen aus der Umwelt des Kindes erkennen. Die kindliche Bildsprache wird immer reicher: es entstehen die ersten *Symbole* für Mensch, Tier, Pflanze oder Haus. Zeichnungen fangen oft gegenstandslos an und vergegenständlichen sich dann plötzlich. Die erste Bildform, der Kreis, sagt: in dieser Form »ist etwas drin«. Das Kind bezeichnet sie als Auto, Flugzeug usw. Das erste Zeichen für den Mensch entsteht nun, der sogenannte *Kopffüßler*. Die Zeichnung eines menschlichen Körpers gibt uns Aufschluß über den augenblicklichen Entwicklungs- und

Wissensstand des Kindes, weil sich in ihr ein Großteil der Erfahrungen mit anderen Menschen widerspiegelt. Die ersten Figuren des Kindes sind, so scheint es, nur überdimensionierte Köpfe mit angefügten Armen und Beinen, Körper und Kopf nicht voneinander getrennt. Aber der Kreis sollte nicht einen Kopf darstellen, sondern die Gesamtgestalt des Menschen, denn der Kreis ist für das Kind ein Symbol für das, was »Inhalt« meint.

Oft fragt der Erwachsene, der nicht weiß, daß es das Kind nicht für notwendig findet, Körper und Kopf voneinander zu trennen: »Und wo sind die Beine?« Das Kind wird sich dann anpassen und ein Paar Beine zeichnen, selbst wenn das Symbol Kreis eigentlich gar keinen Menschen, sondern vielleicht ein Auto oder einen anderen Gegenstand darstellen sollte, weil in der sich entwickelnden Phantasie des Kleinkindes auch Gegenstände Beine haben. Das Kind, das entdeckt hat, eine Form als Symbol zu verwenden, findet Spaß daran, mit Symbolen zu experimentieren.

Je klarer dem Kind einzelne Funktionen des Gesichtes werden, desto deutlicher werden die Gesichtszüge herausgestellt: eine große Nase, Mund, Kreise für die Augen, Zickzacklinien für die Haare, z. T. für die Ohren. Hände und Füße werden am Ende der Arme bzw. Beine mit im rechten Winkel wegstehenden Gegenlinien gekennzeichnet. Nach und nach wird dem Kind bewußt, daß es einen Körper mit Bauch hat. Allmählich, gegen Ende des vierten Lebensjahres, entsteht die Darstellung des »ganzen« Menschen. Das Kind erfindet dabei phantasievolle Übergangslösungen; so stellt z. B. ein Punkt zwischen den Beinen des Kopffüßlers den Nabel dar, viele Punkte die Knöpfe oder ein weiterer Kreis den Bauch, der zwischen den Beinen hängt.

Das vierjährige Kind

Das vierjährige Kind, das schon erheblich an zeichnerischer Sicherheit gewonnen hat, zeichnet noch nicht aus der Anschauung heraus, sondern strebt klare, geometrisch geordnete Gebilde an. So bedeutet zum Beispiel der Querstrich zum Arm die Hand, die vielen Striche im rechten Winkel dazu, also parallel zum Arm, die Finger. Mit Hilfe dieses *Ordnungsprinzips* können Kinder bildnerische Aufgaben geradezu raffiniert lösen.
Das vierjährige Kind hat sich ein Schema für die Darstellung des Menschen entwickelt, das von der Körperform her für Mann, Frau, Buben und Mädchen gleich ist. Mit der Zeit aber versuchen die Kinder, männlich und weiblich, Vater, Mutter oder Kinder besonders zu kennzeichnen. Mit ca. viereinhalb Jahren können 50% der Kinder einen

Menschen aus sechs Teilen malen. Vom Kopf weg stehen die Haare, vom Körper weg Arme und Beine; ein Strich, der Hals, verbindet die beiden Kreise. Die Größenverhältnisse entsprechen dabei nicht der optischen Wirklichkeit; die eigenwillige Proportionierung läßt aber oft die Bedeutung erkennen, die bestimmte Dinge für das Kind haben. Alles für das Kind Wesentliche wird groß gezeichnet (z. B. ein dicker Bauch nach dem Essen), das Nebensächliche klein – je nach dem Erleben des Kindes, nicht nach der optischen Anschauung.

Das Kind, das sich immer stärker mit seiner Umgebung auseinandersetzt, sucht jetzt gemäß seiner Vorstellung auch Sinnzeichen für Tiere und Pflanzen, für Spielzeug, für das Haus, für Fahrzeuge usw. Mit Hilfe dieses Formenrepertoires kann es auch schon recht komplizierte Dinge zusammensetzen. Die Tiere unterscheiden sich vom aufrecht stehenden Menschen nur dadurch, daß sie in der Waagerechten und mit vielen Beinen dargestellt werden. Die Tiere sind zunächst anthropomorph, d. h. menschlich gesehen, dargestellt. Erst dann, wenn die menschlichen Gestalten differenzierter dargestellt werden, spezialisiert sich auch das Aussehen der Tiere durch Attribute wie Schnäbel, Hörner, Flügel usw.

Das fünfjährige Kind

Das Bestreben, selbst erlebte Situationen zeichnerisch zu schildern, setzt sich verstärkt fort. Dabei werden die Menschen schon mit Kleidungsstücken, bestehend aus den klaren geometrischen Formen Dreieck, Quadrat und Rechteck versehen und eindeutig als Mann, Frau oder Kind dargestellt. Lange schmale Rechtecke bedeuten jetzt statt Strichen die Arme und Beine. In den Situationsbildern zeigen sich auch schon die ersten Profilansichten: dem Vollgesicht wird zunächst seitlich noch eine Nase angefügt, das Gesicht wird von vorne und zugleich vom Profil gezeichnet oder an der Profildarstellung werden seitlich zwei Augen angebracht.
Das Kind lernt, daß sich Dinge auf es zu und von ihm weg bewegen können. Es kann deshalb die Dinge der Umwelt nicht mehr wahllos aufs Blatt verteilt abbilden, sondern muß einen geordneten Bildraum für seine Darstellung schaffen. Es bildet die Begriffe »oben« und »unten«, zuerst in Beziehung zum eigenen Körper, dann auch in Beziehung auf andere Objekte.
Der Strich am unteren Bildraum kennzeichnet den Boden, auf dem etwas steht, läuft oder wächst, der Strich am oberen Blattrand grenzt den Himmel ab. Zwischen diesen beiden Grenzlinien spielt sich das Leben ab. Der meist freie Hinter-

grund bedeutet die Luft. Da das Kind einen Vorgang möglichst klar zeichnen will, zeichnet es alles additiv nebeneinander, damit nicht durch Überschneidungen dahinterliegende Gegenstände versteckt werden.

Das schulreife Kind

Das schulreife Kind setzt sich mit den Dingen jetzt immer mehr verstandesmäßig auseinander, indem es ihren Sinn und Zweck hinterfragt. Aber auch das Aussehen, verbildlicht durch reiche ornamentale Verzierungen, Punkte, Zickzack, Wellenlinien und Muster, gewinnt an Bedeutung.
Das Kind, das möglichst viel aufs Papier bringen will, bedient sich einer eigentümlichen Darstellungsweise, der sogenannten »Simultanperspektive«. Dabei wird ein Gegenstand aus verschiedenen Perspektiven zugleich betrachtet, um ihn zu verdeutlichen. So »klappt« das Kind Dinge, die ihm wichtig erscheinen, die man aber nicht sehen kann, ganz selbstverständlich in die Fläche. Gleichzeitig werden Dinge in einer Art »*Röntgenbild*«, gleichgültig, ob sie innen oder außen sind, durchleuchtet dargestellt. Eine im Erwachsenensinne richtige Perspektive gelingt erst im Pubertätsalter. Das Kind in diesem Alter klappt noch, z. B. bei der Darstellung einer Straße, Häuser und Bäume nach außen, die Autos nach innen, wobei

es die Straße als Standlinie benutzt und sich das Bild entsprechend zurechtdreht.
Wenn soviel dargestellt wird, daß es auf der »Standlinie« nicht mehr Platz findet, löst das Kind die Raumaufteilung so, daß es Gegenstände auf unsichtbaren Standlinien in einem *Flächenbild* übereinander zeichnet, obwohl sie z. T. hintereinanderliegen.

Erste Schuljahre

Das Grundschulkind ist im allgemeinen in der Lage, alles, was es mitteilen will, bildnerisch auszudrücken. Trotzdem braucht es weiterhin Anregung, Unterstützung und positive Verstärkung, damit die Kreativität vom Kindergarten in die Schule hinübergeholt wird. Das Raumgefühl wird differenzierter, das Bewußtsein von der Körperlichkeit einzelner Gegenstände in der Zeichnung sichtbar. Es tauchen die ersten Überschneidungen auf, die ersten Horizonte werden sichtbar. Die Begriffe groß und klein, weit und eng, über und unter, am größten und am kleinsten, vorne und hinten, nahe und entfernt werden erfaßt. Die Bilder bilden immer mehr die Wirklichkeit ab und verlieren allmählich die symbolischen Züge. Allerdings unterscheidet sich nach wie vor der Standpunkt, von dem aus das Kind die Umwelt wahrnimmt, von dem des Erwachsenen.

Zwei weitere Bücher aus der Reihe ›Kösel für Eltern‹:

Uwe-Jörg Jopt

Schlechte Schüler – Faule Schüler?

Wie Eltern helfen können
143 Seiten. Kartoniert

Warum strengen »faule« Schüler sich nicht an und warum sind sie »faul«? Meist wird ihnen eine gewisse Böswilligkeit unterstellt, nach dem Motto: »Du kannst schon, Du willst nur nicht!« Inzwischen weiß man aber, daß diese Kinder unter einem geringen Selbstbewußtsein leiden, das ihnen jegliche Motivation nimmt. Deshalb ist die Haltung der Eltern so besonders wichtig. Statt ein Kind als »faul« zu beschimpfen und noch mehr in die Resignation zu treiben, können Eltern sich bemühen, dem Kind Erfolgserlebnisse zu verschaffen und sein »Vertrauen in die eigene Kraft« zu stärken. Wie dies aussehen kann, zeigt der Autor an zahlreichen anschaulichen Beispielen.

Kösel

Arnd Stein

Das Rechtschreibspiel

Fehler verstehen und beseitigen
144 Seiten. Kartoniert

Was soll aus einem Kind werden, das nicht richtig schreiben kann? Viele Eltern fehlergeplagter Kinder sind ratlos, weil sie nicht wissen, wie sie ihrem Kind helfen können. Dieses Buch leistet wertvolle Hilfe. Ohne große wissenschaftliche Erklärungen zeigt der Autor, wie es möglich ist, Fehler zu verstehen – und zu beseitigen. Im Mittelpunkt steht dabei das »Rechtschreibspiel«, das sich in mehrjähriger Eprobung als ein erfolgreiches Mittel gegen den »Fehlerteufel« erwiesen hat. Mit Hilfe von Wortkärtchen können Kinder und Eltern gemeinsam üben und ihre Lernfortschritte überprüfen.

Kösel

Nessie hilft beim Rechtschreiben